Live Your Adventure.

冒険を生きろ

OZworld
［著］

KADOKAWA

提供：OZworld　credit：TANA-GUIDANCE SHOT

Prologue

Welcome to the "OZworld"
オズワールドへようこそ

はじめまして！　OZworld（オズワルド、この本ではオズワールド）といいます。
杖を持ってステージに立ち、ラップをしたり歌ったりしています。

なんで杖を持っているかというと、脚にハンディキャップがあるからです。ファッションだと思われることもあるけど、脚に装具をつけていて、杖はガチで歩行補助用のステッキ。実は生まれた時から脚の感覚がうすくて、医者には「今の医療では神経は治せない」と言われていたらしいです。

脚を引きずって歩けてはいても、筋肉が弱くて脚が細いから、それを人に見られるのが嫌でたまりませんでした。つい最近までは1年中長いパンツで過ごしていたくらい、本当に嫌だった。沖縄生まれ沖縄育ちにもかかわらず、中2からは海にも入らない。水着姿になりたくないから。でも、今はフツーにハーフパンツも穿《は》きます。装具をつけた脚は丸見えになるけど、でも、これが俺だから。ついにカッコいい装具見つけたし！

そう思えるようになったのは、たくさんの人と出会って、いろいろな経験をして、何度も生まれ変わるような体験を積み重ねてきたから。
闇も孤独もあるからこそ、光も愛も存在するんだと気づいて、今、やっと俺は「自分を生きる」ことができるようになった気がしてる。そんな今だから伝えられることがあるんじゃないかと思ったのが、この本を出した理由です。

いつも音楽でやっているように、俺は自分の中にあるものを削ぎ取って「OZworldの世界観」と共にみんなに見せることしかできません。でも、俺の音楽をいつも聴いてくれている人（ありがとう！）にとっては、この本を読むことで「こういう経験をしたからこのリリック（歌詞）が出てきたのか」「いつもSNSで発信している内容ってこういう意味だったのか」と、腹落ちしてもらえることがたくさんあるはず。

俺のことをまったく知らずにこの本を手に取ってくれた人（はじめまして！　ありがとう！）には、「こんな変わった奴がいるんだ！」「こんな奇想天外な人生あるの⁉」と、新しい世界との出合いになったら嬉しいです。

ちなみに、よく聞かれる「OZworld」というアーティスト名はある日、3分くらいで思いついたんだけど、一説によると「OZ」には「神」という意味があって、「world」はこの世の理《ことわり》、つまり「ルール」という意味を持つという。

沖縄で生まれて、脚が不自由で、首に龍のタトゥーを入れてラッパーをしている俺に見えている世界は少し変わってるみたいだし、見えている世界をどうとらえているかっていう精神的な部分も含めて、この世界観をたくさんの人に伝えていくという意味がこもったアーティスト名を、神様が宇宙《そら》から降らせてくれたのかもしれません。

そんなわけで、今回は音楽じゃなくて「本」の形で、OZworldの世界をぜひお楽しみください！　そうそう、このプロローグを読んで「ＯＺってオズワルドなの？　オズワールドなの？」って思った人もいるかもしれない。普段、アーティスト名は「オズワルド」表記だけど、初めて文字でOZworldという一つの世界観を表現するために、本ではあえて「オズワールド」と表記することにしました。

OZworld

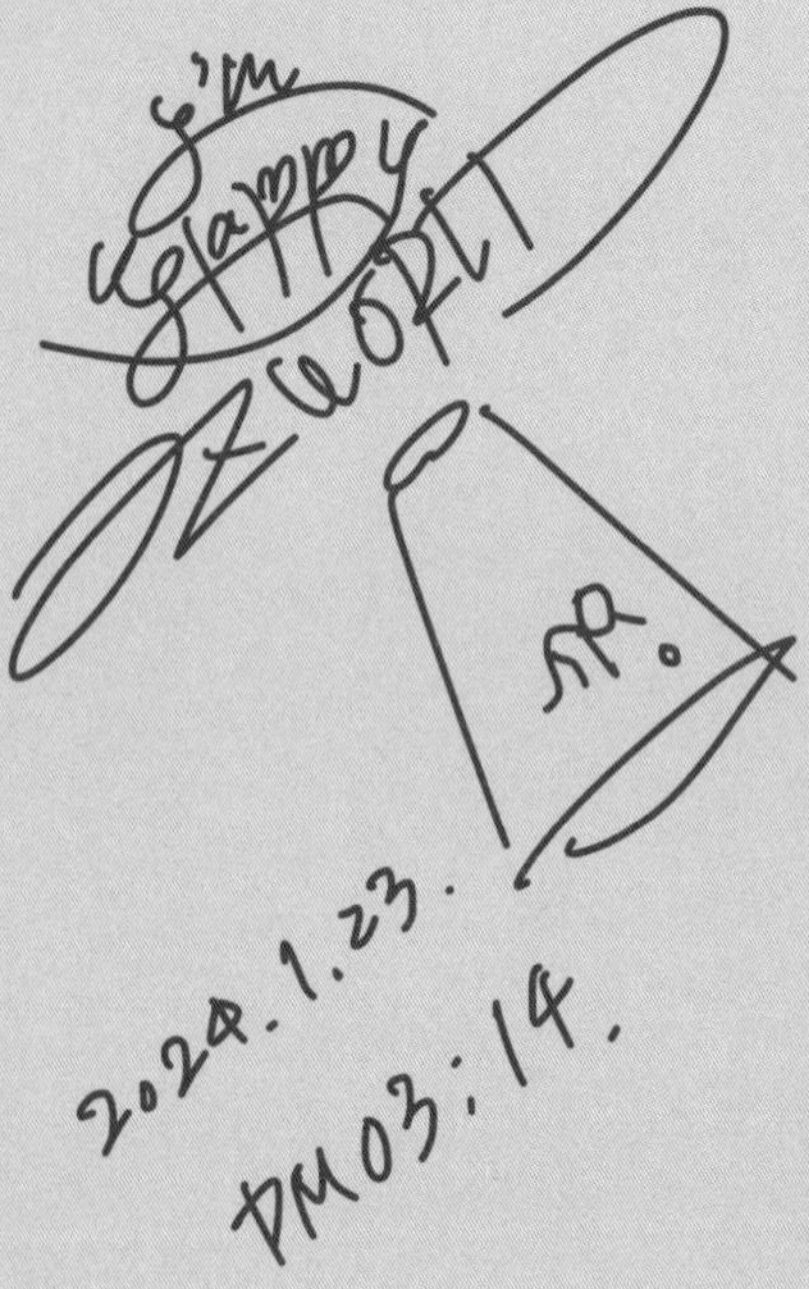

冒険のスタート地点：沖縄、地元の略地図

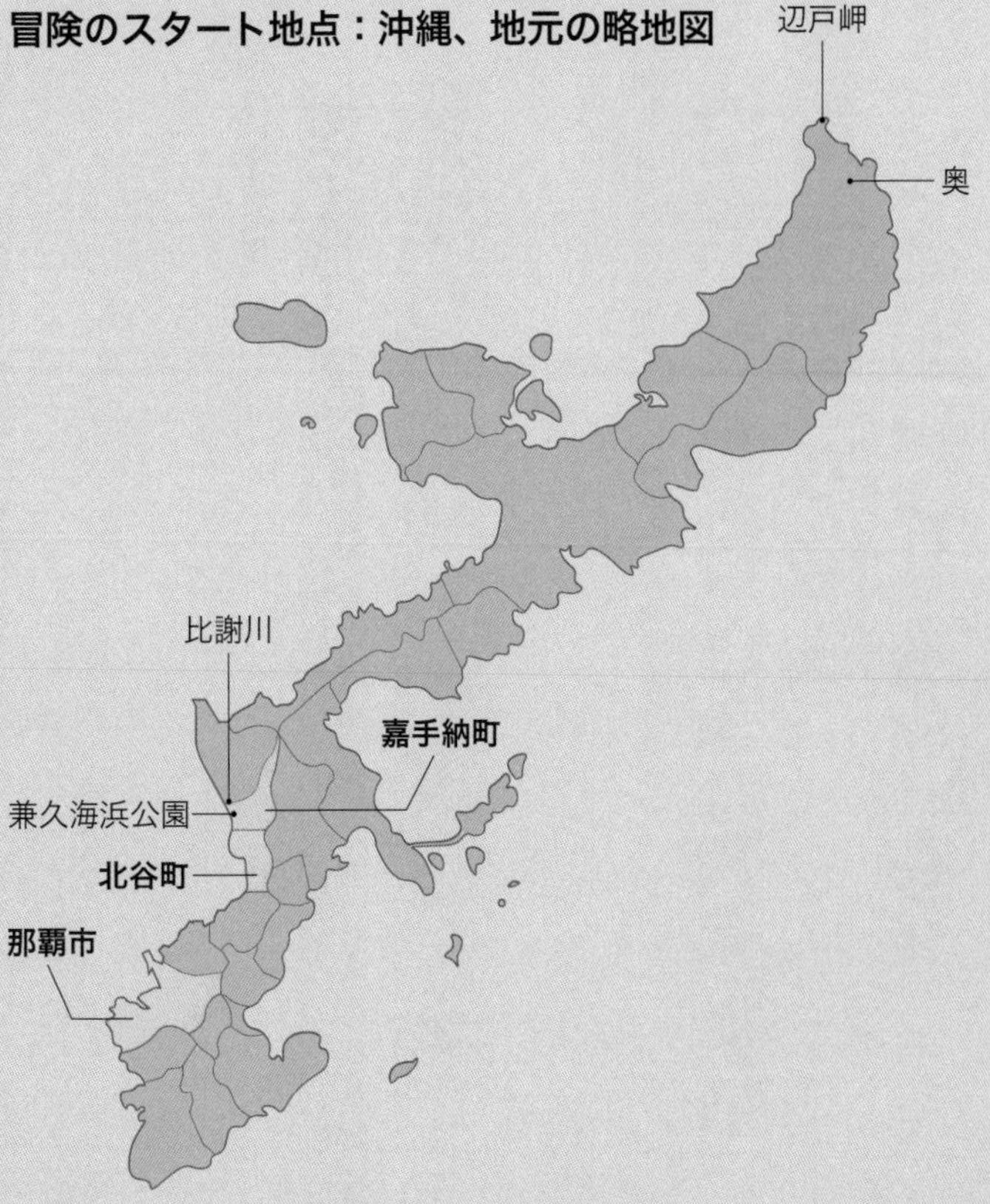

この地図は、俺が育ったエリアや本で登場する場所を示したものです。
沖縄には、他にもたくさんの島、たくさんの街、たくさんの村があります。
興味を持ったら冒険しに来てね！

Adventure 1

LIVING WITH A COMPLEX
隣にはいつもコンプレックス

Adventure 2

REBORN
最高の収穫は最悪の経験から

Adventure 4
SHRINKING AND EXPANDING
どんな時でも楽しんだもん勝ち

装丁 Hiroki Hisajima
カバー写真 Yuya Takahashi
本文デザイン 金澤浩二
編集協力 村上杏菜
本文イラスト OZworld
校正 あかえんぴつ

The Beginning
of
the Adventure.

LIGHT AND DARKNESS

人生もこの世も「光と闇」でできている？

毎朝、目覚めてすぐに思うのは「そうだ、俺、脚が悪いんだった」ってこと。

普通、歩く時は勝手に脚が動いて、何も意識しない人がほとんどだろうけど、俺の場合は違う。「一歩、二歩」と、歩みをいちいち意識する作業が「歩行」なのだ。

数年前に自分に合う装具と出合ってからは歩くのもだいぶ楽になったけど、それまでは精神的なものと物理的な不自由が相まって、脚のコンプレックスの檻《おり》に閉じ込められているように感じながら生きてきた。

「闇」や「陰」の面はみんなが持っているものだと思う。その一方で、「光」や「陽」も持っている。

それって結局は表裏一体、突き詰めて言えば同じものだし、どっちに意識を向けるかで考え方や人生が決まる。自分の中の光や陽に気づくことができれば、世界は驚くくらい違う顔を見せてくる。

……と、理解できたのはほんの最近のことで、正直、小さい頃から俺の人生、心の中を占めていたのは「闇」と「陰」ばかりだった。

そんな俺が自分の中にあるものを表現する手段の一つが「リリック」であり、「ラップ」であり、**「HIPHOP」**だ。

HIPHOPとは音楽ジャンルの一つで、ニューヨークのブロンクスという地がルーツらしい。同じ節を繰り返してしゃべるように歌ったり、歌詞も韻を踏んだりと、歌い手のスキルが如実に表れるジャンルで、たぶん、聴いたら「ああ、こういうタイプの曲のことね」と、一発でわかる。

ブラック・カルチャーの一つとして生まれたもので、貧しい立場にあった黒人が世の中への不満を歌詞に込めたことから生まれた音楽。今は国も人種も超えた音楽ジャンルとして世界中で歌われている。でも、世の中へ物申したい人たちのツールとしての音楽であることは変わらない。つまり、すごくメッセージ性が高い。

俺はたまたまラップに出合い、仲間と曲をつくって歌うことを覚え、HIPHOPアーティス

トとして活動することになったが、ラップや音楽は手段の一つであって、他の表現手段もいつも模索している。たとえば、ファッションやジュエリー、eスポーツ、仮想現実、映像なんかもそう（「いろいろやってるけど結局、何をやりたい人なのか」についてはおいおい、本編で）。

俺がみんなに伝えたいのは、かいつまんでいうと**「自由」**であり**「平和」**であり**「自分を生きること」**で、そういったことを理解してもらうのにちょうどいい媒体はおそらく人によって違う。映像で見てもらったほうが伝わりやすい時もあるし、仮想現実の世界を見てもらったほうがしっくり来る、腑に落ちる人もいる。

だから俺は曲つくって歌うだけじゃなく、ジュエリーをデザインしたり、eスポーツの団体と提携して音楽を提供したり、仮想現実やNFT（非代替性トークン）のプロジェクトを動かしたりと、いろいろやっている。どれも楽しいから、仕事よりは遊びの感覚に近い。

いろんな場所で遊んでいればいろんな人と出会えるように、いろんなジャンルで活動することで、HIPHOPという音楽ジャンルでは出会えない人たちとも出会って、届けたいものを届けることができる。

「遊び心」ってすごく大事で、これがないと人ってつぶれちゃうんじゃないかと俺は思っている。

実際に俺は「正しさ」とか「正義」みたいなものに偏りすぎてつぶれそうになったことがあって、それを救ってくれたのが「遊び心」だった。そういう経緯が表現されている曲もあるので、それはまた後で詳しく話すことにします。

そろそろ、「なんかいろいろやってる変なラッパーだなあ」と思い始めた読者もいるかもしれない。いやいや、まだ、文字通り「序章」だから。全然、おもしろい話できてないから。脚のことは少ししゃべったけど、そんなの俺の内面や人生の氷山の一角。

おもしろい人にもいっぱい出会ったし、俺もいっぱいやらかしてきたし（迷惑かけた人、ごめんなさい）、ひどい目にもあって、いっぱい失敗して、いっぱい悲しんで、いっぱい喜んで、そうやってこの世界のことを学んできた。

そういう**冒険の話**を、これからたくさんしていきます。

いいことも悪いこともひっくるめて、今の俺と音楽がある。

闇だけでも、光だけでも、世界は存在できない。

自分の中の闇を認めて、それを抱きしめることそれ自体が光であると気づいた時に、「自分」を生きられるんじゃないかな。

Adventure 1

LIVING WITH A COMPLEX

隣にはいつもコンプレックス

e_ro_a_ni_me

人ってどんなタイミングでローマ字入力を覚えるんだろう？　今の小さい子は学校で習うのかな？　俺がローマ字入力を学んだのは完全に自力。どうしても入力したい言葉があったんだよね。それは「**eroanime**」。

そう、エロアニメ。

「ルーシーの目覚め」って俺は呼んでるんだけど、なぜか俺は性の目覚めがすげえ早かった。たしか幼稚園に上がるよりもっと前の段階で目覚めてた記憶がある。

そんな俺なので、小学校に上がりたての頃にはすでにエロいことに興味津々。えっちなアニメが見たくて見たくて、近所にある、誰でも自由にパソコンを触れる公営の施設へ行って、なんとかエロアニメに辿り着こうとしてた。

だけど俺はまだほんの子どもだったから、ローマ字入力のやり方を知らない。仕方なく、何時間もかけて試行錯誤しながら脳内を占拠する文字「エロアニメ」を表示する方法を探った。

「Aを打ったら『あ』になったぞ？　じゃあ、『イ』はEかな？　あれ、『エ』になったぞ。おかしいな。あ、Iを押したら『イ』になった！　じゃあ、Uは『ユ』かな？　あれ、『ウ』だったか……（以下略）」

そして最終的に見事ローマ字入力をマスターした俺。しかし公営の施設ではそういうアダルトなものは表示できないよう設定されており、仕方なく俺はおかー（母親）のパソコンからエロアニメにアプローチすることにした。ところが、かわいそうながきんちょの俺、すぐにおかーにバレてしまった。

「わん（私）のパソコンでエロアニメを検索しただろ！」と怒り心頭のおかーに「してないし！　俺じゃないし！」と逆ギレし、しかも「うんちゃんだよ！　絶対あいつがやったんだよ！」と、苦し紛れに当時のおかーの彼氏（俺の両親は早くに離婚）のうんちゃんのせいにした。「俺のしくじりをなんとか誤魔化してくれないか」という願いを込めて、その時ちょうど同じ場にいてドラクエしながら背中を向けていたうんちゃんに目をやると、奴はこちらを一切振り向きもせずに「俺は、アニメは見ない！」とバッサリ切ってのけたのだった。

同じ男同士、そこはかばってくれてもいいじゃねーかと思いつつ、にっちもさっちもいかなくなった俺は気まずすぎて爆泣きしながらおかーの家を飛び出し、俺の住まいであったおじー（祖父）とおばー（祖母）の家にとぼとぼ歩いて帰った。

呆れたおかーが「玲央（レオ。俺の本名）が一人で帰ったからよろしく」と実家に電話した。

それによってエロアニメ事件はおかーのみならず、おじーにもおばーにも知れ渡ってしまったのだった。

轟音とどろく街

エロアニメ見たさにローマ字入力をマスターする根性と行動力を発揮したりと、俺は自分の冒険心とルーシーの欲望に素直に従って思いのままに行動する子どもだった。

チャリンコに乗って、家族には内緒で近隣の市への冒険にもよく繰り出していた。そんな冒険の途中で、近所のゲームセンターでは1プレー100円のゲームを50円でできるお店を見つけたりもした。それで喜び勇んで近所の友達連中を引き連れて出かけたら、年上の悪ガキに所持金をカツアゲされてみたり。

紹介が遅れたけど、**俺の本名は「奥間玲央《おくまれお》」**。

この本が出る時、26歳。生まれ育ったのは沖縄の嘉手納町というところ。極東最大級の米軍基地がある「嘉手納飛行場」といえば、ニュースとかで見聞きしたことがある人もいるんじゃないかな。

「飛行機の音がうるさくて大変なんじゃないの?」と思うかもしれないが、実は、嘉手納は悪いところだけではない。沖縄のシングルマザーがこぞって住みたがる場所でもある。住宅の防音工事やクーラーの設置費用を町が助成してくれるし、義務教育の間は給食費が無償だったり医療費も負担が少なかったりと、子どもへの手当も厚い。米軍関係者がたくさん住んでいるから幼稚園にもALT(外国語指導助手)の先生がいて、子育て環境としてはなかなか悪くないらしい。知らんけど。

沖縄と東京を行き来する生活になってからも、沖縄は俺にとってどうしたって安心できる場所。身体だけじゃなく、魂のふるさと。大好きな家族や友達もいるし、もっと大きな意味での**親みたいな存在なのが海や森などの大自然**。辺戸《へど》岬や滝など、デトックスしに出かけるお気に入りの場所もある。

行くとニュートラルになれる感じがするんだよね。何をするわけでもないんだけど、そこでぼーっと散歩したり、瞑想したり、俺にとっては特別な場所。充電しに行くみたいな感覚かな。

Represent Okinawa

「レペゼン○○」って聞いたことある？　HIPHOPには、自分の出身や地元、そこの仲間とかを主張する文化があって、俺の場合はもちろん「レペゼン沖縄」。「沖縄を象徴・代表している」「沖縄を背負っている」みたいな意味。

そうはいっても、俺自身は、HIPHOPに出合って沖縄を出る機会が増えるまで、あんまり気にしたことがなかった。自分の背負っているものをいやがおうでも自覚させられる「レペゼン○○」の文化がたまたまHIPHOPの世界にあったから、それで俺は初めて沖縄というものを客観的に意識するようになった。

それで気づいたのが、**沖縄はだいぶ変わっている**ってこと。

言葉もイントネーションもそうとう個性的だし、ユタ（沖縄や奄美群島の民間霊媒師、いわゆるシャーマンとか）の文化や先祖崇拝やアニミズム的な文化もかなり特殊らしい。まあそもそも、沖縄っていう島の歴史自体が、紆余曲折ありすぎて複雑なんだよね。

みんなもなんとなく聞いたことがあるだろうけど、もともとは「琉球王国」っていう、日本とは違う国だったらしい。そこから薩摩藩の支配下におかれたり、「沖縄県」として日本の一部になったり、アメリカの統治下におかれたりして、今は日本に戻っている。第二次世界大戦の時は、県民を巻き込んだ派手な地上戦の舞台にもなった。

まあそういう小難しい話は置いとくことにして、**とにかく沖縄は、歴史的にたくさんの人間たちの血を吸って成立している島だ。**

たくさんの人種の血が混じった場所でもあって、多様性の宝庫といえばそうかもしれない。とにかく陰も陽も白も黒も混じり合ってグラデーションになっている、すべてが曖昧なまま保たれているグレーアイランド。

「海に囲まれた自然豊かな南の国」という対外的なイメージも否定はしない。

だけど、米軍とのトラブルだったり、シングルマザーの多さだったり、労働賃金の低さだったり、歴史背景だったりと、ウチナンチュ（沖縄県民のこと）にとってはコンプレックスアイランドであることもまた事実。

でも、そういうものをすべてひっくるめたところに沖縄らしさも存在すると俺は思っている。ゴーヤチャンプルーっていう料理があるでしょ。

チャンプルーっていうのは**「ごちゃまぜ」**っていう意味で、まさにそういう**「チャンプルー文化」**が、沖縄の個性というか、他にはない魅力であり、すごさなんだと俺は思っている。

ＨＩＰＨＯＰって地域性がすごく表れる音楽ジャンルで、いろんなラッパーがそれぞれの地域をレペゼンしている。あんまり聞いたことがない人は、そういう違いを意識しながらＨＩＰＨＯＰを聞くと面白いんじゃないかな。

「これぞ沖縄！」って感じのレペゼン沖縄感のある曲といえば、俺と仲間で歌った**『RASEN in OKINAWA』**。

俺と同じ沖縄出身のラッパーのAwich（エイウィッチ）、唾奇（つばき）、CHICO CARLITO（チコ・カリート）と一緒に歌っている曲で、琉球感がダダ漏れている。「ああ、沖縄ってこんな感じなのかぁ」ってみんなからよく言われる。ウチナンチュならみんなが潜在的に持っているものを込めた曲で、俺の代表曲の一つだから、よかったら聞いてみて。聞いたことがある人も、ここでもっかい聞いといて（笑）。

Awich…OZイチオシ：DEIGO／唾奇…OZイチオシ：道-TAO-／CHICO CARLITO…OZイチオシ：一陽来復

→こんな感じで、登場アーティストの俺的イチオシ曲も載せるから、チェックしてみてね！

「RASEN」MV撮影時の写真。左からCHICO, Awich, 俺、唖奇。MVももちろん全編沖縄で撮影した思い出深い作品。
提供：OZworld　credit：Ega Film

ENFPと家族構成

そんな沖縄、嘉手納で俺を育ててくれたのは、おかーの両親。つまり、俺のおじーとおばー。おかーは当時一人で沖縄市に住んでいて、俺は、おじーとおばーと、俺のおかーの兄姉と暮らしていた。

昔、公務員だったおじーが建てた家は庭付きの2階建て一軒家で、近所には例の、俺がローマ字入力をマスターした施設がある。余談だけどこの施設にはなんと一流の機材が揃ったスタジオもあり、俺はここで曲（3rdアルバム収録の「Compflex」と「MIKOTO」）をレコーディングしたこともある。

近くには比謝《ひじゃ》川という沖縄一大きな川と西海岸の海が混ざり合う場所。実はこの辺りは第二次世界大戦の時に米軍の艦隊が上陸してきたエリアで、あちこちに防空壕も残っていたりするのだけど、この付近で見られるサンセットは本当に美しい。

ちなみに比謝川河口を進んだ先は兼久《かねく》海浜公園という広い公園になっている。俺はここで**BMX**（競技用のカッコいい自転車、ストリートカルチャーの一つ）を乗り回したり、**サイファー**（みんなで輪になってラップを披露し合うこと）したり、女の子とデートしたりと、なかなかに思い出深い場所でもある。

おとーとおかーは、俺が生まれてすぐの頃に離婚したらしい。おかーは、今でこそ那覇市議会議員をしている政治家なんだけど、もともとはここでは詳しく書けないくらいのドヤンキーで、小学校の時からおかーに迷惑をかけられた人が連日実家に押しかけてくるわ、中学の頃から家出を繰り返すわの、どうしようもない跳ねっ返り娘だったらしい。

おとーとの結婚もほんの一瞬で終わったし、生まれた俺の脚には障がいがあった。おじーは「おまえがそんな生活をしているからこの子がこんな身体になったんだ！」と手厳しくおかーを責めたらしい。おかーは俺の養育費や治療費を稼ぐために離れた街で一人暮らしをしながらスナックを経営するなど、働き詰めの生活を送ったらしい。

おかーとはちょいちょい会っていたし、一緒に住んでないのがデフォルトだったから、寂しさや不満を感じた記憶はそんなにない。おじーはスパルタ教育だったけど俺を息子のように大事に育ててくれたし、おばーはいつだって俺の味方だったし。幼い頃に同居していたおばさん（おかーの姉）やおじさん（おかーの兄）も俺のことをすごく可愛がってくれた。俺はたくさんの愛をもらって幸せに育ったってわけ。

ちなみにおじーはすごく真面目で人に尽くすタイプの人なんだけど、教育系の家系出身なこともあって厳しい性格。そんな厳格なおじーだけど、最近聞くところによると、通っているスポーツジムに俺のTシャツを着て行き、**「OZworld って知ってるか？」**と若者に声をかけまくっているらしい。愛すべき俺のおじー。

みんなMBTIテスト（性格診断）ってやったことある？ 俺は「ENFP-T」の「広報運動家」タイプ。好奇心・探求心旺盛で自由奔放。一人っ子だったから、クリエイティブな面もさらに輪がかかった。そして精神的なつながりを死ぬほど大事にする。「笑いの種を探す人」という特徴の通り、いつも楽しいことを探してる。

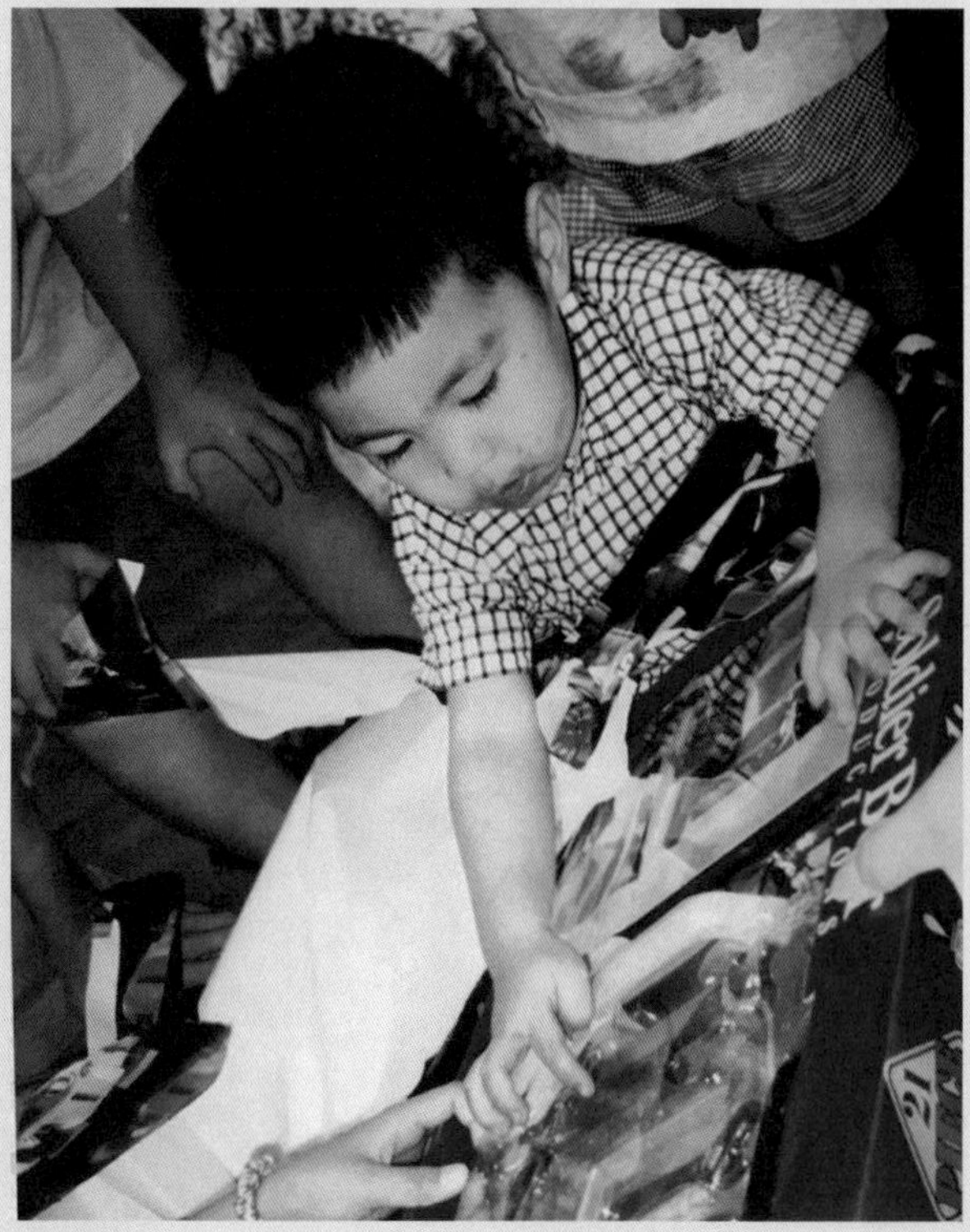

これ何歳くらいかなぁ？　今アメリカ在住のおばさん（母の姉）は当時基地で働いていて、誕生日には基地内のケーキ屋さんで「ピニャータ」というケーキを買ってきて、俺や友達を楽しませてくれた。
提供：OZworld

おかーは友達

俺のおかーはぶっ飛んでいる。といっても、ヤバすぎて過去については自主規制せざるを得ないのが心から残念。でももうちょっとだけ、おかーについて語りたい。

そもそも、おかーとおとーが出会ったのは例の比謝川のほとりらへんで、ナンパスポットになっていた場所らしい。おかーは当時、暴走族に所属していて、すでに実家にはほとんど帰っていない状態だった。彼女の頭の中には「理想の男」の像があって、乗っているバイクの種類やカスタムの内容まで決まっていたらしい。

で、ある日、その川べりのナンパスポットへ行くと、おかーの思い描いていた通りのカスタムバイクが停めてあったんだって。その持ち主が、俺のおとー。すぐにおかーは「乗せて！」とバイクの後ろにまたがり、「それから家には二度と帰んなかったよね」(本人談)。

おとーのほうも暴走族に所属していて、まあ、ようするに、ド不良同士がくっついて生まれたサラブレッドが俺というわけ。

おとーは、バイクこそいかついけど、性格はおっとりとしていて優しいタイプ。激情で生きているおかーとは全然違うのにバイクの嗜好は一緒で、おかーに言わせれば「そんなとこだけ趣味を合わせてきやがった」らしく、電撃婚の果てにすぐ離婚しちゃったもんで、俺は長いことおとーに会ったことがなかった。

ちなみに、おとーの家系には音楽をやっている人がたくさんいて、**俺の音楽の部分はどうやらおとーの家系譲りらしい**って後から知った。

俺にとってのおかーは、母親というより、友達とか親友みたいな感じ。めちゃ信頼し合っているし助け合っているけど、大喧嘩もする。いわゆる「母親」としての存在という意味では、おばーとおばちゃん(おかーの姉)のほうが近いかな。

そんなわけで、俺がおかーから教わったことといえば、けっこうろくでもないことばかり。雀荘やよくわからない怪しい人たちの出入りする楽屋みたいなところに連れて行かれたり、夜遊びさせてもらったり。早々にゲーム機を買い与えてくれたのもおかーだし、携帯電話も小6の時におかーのやつを借りパクしたのが最初。

そういえば、小学校の授業中に急におかーから携帯に電話がかかってきたことがあって、こっそりトイレで通話したら、「玲央？　おかー、ヤバいかも」って電話の向こうから聞こえてきたことがあった。しかも似たような電話は一度や二度じゃなかった。いったい何やってたんだ、おかーよ。

そんなおかーが俺に見せてくれたのは「社会」だった。

家はおじーによるスパルタ天国、そんでたまに俺をエスケープさせてくれるのが優しいおばさん、そして世の中の怖い部分も含めて社会見学させてくれるのがおかー。そんな感じのバランスで俺の世界は成り立っていた。

「人は絶対に信じるな」

今思えば俺を守るためだったんだろうけど、おかーの教えのとっておきのやつは「人は絶対に信じるな」。

マジかよって思わない？　「信じなさい」じゃなくて「信じるな」だからね。「人は絶対に裏切るから、信じてはいけない」がおかーの口癖。純粋無垢な子どもの俺には刺激が強すぎて、俺は心の中で「おかーのようになってはいけない」と真剣に思っていた。だって俺は生まれつき**「裏切られてもいいから信じていたい」**タイプだから。それは今でも変わらない。

といっても、別におかーのことが嫌だったとか、仲が悪かったわけではまったくない。細かいことは忘れちゃったけど、何かの言い合いの時に「なんでこんな身体に産んだ?」と言ってしまってひどく傷つけたであろう記憶はあるんだけど、今も昔も、おかーと俺の間に隠し事はなくて、なんでも開示し合う。俺が高1で童貞を捨てた時も、おかーにはすぐにバレた。いきなり「あれ? 玲央、もしかして卒業した?」って言われて、やっぱ母親ってすげえなと思ったね。

それに俺、もうわかったんだけど、おかーって、本当は誰よりも人のことを信じるタイプの人間なんだよね。**だって、裏切られるのは、信じるからだもんね。**

あまりにまっすぐで人を信じやすくて、それで痛い目も見たからこその「人は絶対に信じるな」だったんだろう。それが高じて「自分は人から信頼される人間になる」という思いに変わり、今、政治家をやっている。それが俺のおかーです。

ゲームをめぐるおばーとの死闘

みんながゲームを初めてやったのって何歳の頃だった？　俺がゲーム機で遊び始めたのは小1の頃で、周りに比べるとけっこう早かった。

誕生日におかーがゲームボーイアドバンスSPを買ってくれて、初めてプレーしたのは『スーパーマリオブラザーズ』。俺は大喜びでマリオしてたんだけど、育ての親であるおじーとおばー的には「まだゲームは早いんじゃないの（怒）」。

しかし俺が言うことを聞かずにゲームばっかりするもんだから、とうとうおばーがゲーム機を隠すようになってしまった。

学校から帰ってきて「さあマリオをやろうか」と部屋を見渡すと、ゲームボーイがない。仕方がないので俺は必死に捜す。そんで見つけてまたマリオで遊ぶ。しかし翌日学校から帰るとまたゲーム機がない。もちろん昨日と同じ場所に隠してあるわけがない。今日はどこだ。ここか。あっちか。ない。**クソッ。**

いつの間にか、ゲーム機を捜すことがゲームみたいになってた。

最初の頃はわりと簡単に隠し場所を突き止めることができた。「おばー、ザコいな」なんて思ってたんだけど、おばーもどんどん工夫するようになってきて、戦いは熱を帯びてきた。敵（おばー）はどんどん賢くなってきて、俺がゲーム機を見つけるのにもどんどん時間がかかるようになってきた。

ある時、どうしても見つけられない日があった。しかし俺は閃《ひらめ》いた。

「もし俺が隠すとしたらどこだろう?」

そして本棚に並んでいる本の後ろを覗いてみると……あった！　テッテレ〜ン！

そして俺は悠々とゲームを楽しむ。その姿を横目に無言のおばー。しかし次の日になるとまたゲーム機が消えている。そんなサイレントウォーが何年も続いたのだった。

あまりにおばーがゲーム機を隠すもんだから、俺はとうとう同級生のゲームボーイを借りパクして別の友達が住んでいる団地の敷地に隠し、そこに通ってこっそりゲームを楽しむようになった。しかしその悪事はすぐにバレ、おばさんにボッコボコに怒られ、謝りに行かされた。**世の子育て中のみなさん、子どもをあんまり厳しく締めつけると、どんどん悪いことをするようになっちゃいますよ！（笑）**

ちなみに、俺がゲームボーイを借りパクした同級生とは、今はアーティストの「佐久間龍星」って奴で、俺と一緒にRickie-G（リッキー・ジー）の歌を歌っている動画がバズったこともある。彼にはいまだに「あの時、俺のゲームボーイを『なくした』って嘘ついてパクったよね？」って言われる。本当ごめんなさい。

佐久間龍星…OZイチオシ：秋風／**Rickie-G**…OZイチオシ：Born again

ズル・ルービックキューブ

おばーとの冷戦は小4くらいまで続いた。しかし、この頃には今度はPSPが欲しくなっていた。

というのも、おかーの兄であるおじさんがPSPで**『モンスターハンター』**をやっていたからだ。このおじさんは離島で教師をしていて、休みの日などに時々うちに帰ってくる生活を送っていた。『クローズ』（髙橋ヒロシ／秋田書店）という不良漫画の影響で、革ジャン姿でハーレーっていうカッコいいバイクに乗っていたんだけど、俺はこのおじさんが大好きだった。憧れのおじさんが楽しそうにプレーしているモンハンを俺も一緒にやりたい！　ってことで、PSPが欲しくなったのだ。

そんなある日、おかーのうちに遊びに行くと、おかーと例の彼氏（エロアニメ動画を見ていたことをかばってくんなかった「うんちゃん」ね）が当時流行していたルービックキューブという、6面を揃える立体パズルをやっていて、「2面以上揃えられたらなんでも買ってあげる」と俺に言ってきた。

チャーンス！　ってことで、俺はまず1面を揃え（ここまでなら頑張ればけっこう誰でもできる）、あと1マスで2面目も揃うところまでいった。

あと1マスでPSPが手に入る。だけど、この1マスがどうしても揃わない。そこからさらに1時間くらいかけたけどどうしても揃えられず、万策尽きたタイミングで、俺の中のルーシーがささやきかけてきた。

「表面の塗装シールを剥がして、貼り替えちゃえよ」

俺が自分の冒険心とルーシーの欲望に素直に従って行動する子どもだったことはすでに話した。「この手があったか」と俺は悪い顔になり、おかーに「ほら見て、もうすぐできそう。これから本気で集中するから、邪魔しないでね。おかーはイ・ビョンホンでも見といて。気が散るから絶対にこっちを見ないでね」と、鶴の恩返しばりにおかーに念を押し、韓国ドラマを押し付けて俺から意識を逸らさせた。

そして俺はソファーの後ろに回ってこっそりルービックキューブの表面を爪でカリカリやり始めた。2面目の揃えられていない1マスの表面の塗装シールを剥がそうとしているのだ。なんとか剥がし終えると、今度はそこにはめたい色の別のマスのものを同じく爪でカリカリし、貼り替えた。

そして見事、2面が揃ったルービックキューブを高らかに掲げておかーに見せ、「約束守って!」とソッコーでゲームショップへ連れて行き、無事にPSPを手に入れた。

……という、ズル・ルービックキューブの話はずっとおかーに内緒だったんだけど、大人になってから何かのインタビューで話していたのをおかーに発見されて、**「おまえ、ホントに最悪!」**って怒られたのでした。

なんか幼少期の思い出、ゲームのことで怒られてばっかりだな。そういや、小6の時におかーの携帯を借りパクしてそのまま使ってモバゲーやグリーのソーシャルゲームにハマった時も、3万くらい課金したのがおかーにバレ、馬乗りになってボコられた（暴力はダメだよ★）記憶がある。小学生にしてすでに課金中毒だった俺。

だけどまあ、今じゃあプロeスポーツチームの「FENNEL」のメンバーとしていろいろ活動しているんだから、人生、何がどう活きるかわかんないよね。

好きで好きでたまんないもの、いくつになっても続けてるものは、俺は大切にしていいんじゃないかって思う。

ずっと遊んでたい

ゲーム以外で、俺が小さい頃に遊んでいたことの話もしようかな。

エロアニメとかゲームの話が続いたけど、おじーやおばーと住んでいたから、魚釣りをしたり、庭の竹で工作をしたり、わりと昭和な遊びもしていた。あと、従兄弟たちがいたとはいえ一応一人っ子だから、一人遊びをすることは多かった。特に人形遊びは大好きで、オリジナルストーリーを考えてソフビの人形で遊んでいた。

そういう**イメージ力、想像力**みたいなのは今もけっこう自信があって、それは子ども時代の一人遊びで鍛えられたものだと思っている。

本も漫画も大好きで、『NARUTO―ナルト―』（岸本斉史／集英社）にハマった時は忍者の小説を借りて読んで、東映太秦《うずまさ》映画村におじーと一緒に出かけて、それで自分の中でナルトの世界観をさらに深めてオリジナルキャラクターをつくり上げてその絵を描いたり、フィギュアの頭の中をイメージして人形遊びしたりしていた。

そういう、**「インプットからの0→1」**みたいなことは子どもの頃から大好きだった。

「ぼーっとしていて話を聞いていない」「集中力がない」って人から言われたり先生に怒られたりすることも多かったけど、俺は言いたい。集中力はめちゃくちゃあった。ただ、興味のないことに集中できないだけで。

ぼーっとしている（ように見える）間も、実は頭の中で自分の好きなことにめちゃめちゃ集中してた。

興味のあることをめちゃくちゃ深掘りして、その好きなことで頭の中をいっぱいにしていたいっていうのは、今も変わっていない。

本とか漫画とかフィギュアとか絵とか音楽とかファッションとか、昔から好きだったことは今も変わらず好きで続けている。子どもの時の遊びを今に至るまでずーっと続けているような感覚で生きている。**遊ぶのはマジ大事**だと思ってる。

それと、好きになったキャラクターは、そのフィギュアを絶対に欲しくなっちゃうタイプ。好きなものを目に見える形で家や自分の側に置いておけると、なんかすごく安心するんだよね。心地いい。精神世界とかスピリチュアルなことも好きなんだけど、そういう目には見えないものと物質的なものって表裏一体だから、俺はどっちも好きだしどっちも大事。

今でもよく友達と沖縄を冒険する。これはお気に入りの滝にみんなで行った時の写真。東京や他都市での仕事も増えたけど、だからこそ沖縄はさらに大事な場所になった。
提供：OZworld

タコライスタトゥー

そうそう、絵を描くのもすごく好き。小さい頃から余白があればすぐ絵を描いていた。授業は美術と英語以外大嫌いで、特に数学なんてテストで10点以上取ったことは一度もないし、取ろうと思ったこともない。テストの答案用紙にはいっつも絵を描いてそのまま提出していた。美術だったらきっと100点なんだけどな。

でも、美術の授業で描いた人物像とかにも、最初は「うまい！」とか褒められるのに最後になぜかツノとかを描き足しちゃうもんだから、「なんで⁉」って周りに心配されていた。**「なんでツノとか描いちゃうの？　大丈夫？」**って。ちょっと怖いよね。

なんか余計なものを描いちゃうんだよね。今も歌詞カードとかについ絵を描いてしまうのは、俺のＣＤを買ってくれている人はよくご存じだと思います（笑）。

OZworldといえばタトゥーというイメージもあると思うんだけど、タトゥーについては自分で描いたりした図案じゃなくて、完全に人に任せている。初めて入れたタトゥーは「**Build Something Out Of Nothing**」(無から有を生み出せ、という意味)。当時のクルーの名前「B-$OON」の頭文字でもある。これを高3の時に入れた。

タトゥーを入れ始めた頃はおじーとおばーにはめっちゃ怒られて、おばーにいたってはしばらく口を利いてくれなかったほどだった。でも、俺がどんどん増やすもんだから、もうあきらめてくれたみたい。毎回、「もう増やすなよ」って言われるんだけど、つい増やしちゃうんだよね……。

理解されない場合があるのはわかっているが、俺にとってタトゥーはすごく意味があるもの。俺にとって大事な言葉だったり、絵だったり、意味合いだったりを、いつでも目に入るところに刻むことで、自分にサブリミナル効果をかけている感じ。「アンカー」「きっかけ」「トリガー」みたいな役割って言えばいいのかな。

左腕の内側に入っているタコライスのタトゥーには笑える思い出がある。まず、おかーにめっちゃ怒られた。その1週間前にも別のタトゥーを入れたばっかりで、その時に「それ以上彫るなよ」ってきつく言われたばっかりだった。なのにまたすぐ入れたもんだから、おかーからすぐ電話が来て、「もう彫るなよって言ったよな?」。

「なんで1週間でそんなことができる? ナメてんのか? おかーのこと」

恐ろしいおかーの声に、震え上がった俺は必死に言ったよね。

「違う、聞いて、おかー。おかーの作ってくれるタコライス、俺、ずっと大好きだったさー。それで入れたんだよ? じゃないと入れるはずないさー、タコライスなんて!」

そしたらうちのおかーはとっても可愛いおかーなので、

「あ、そお? そういうこと? ……まあ、もうこれ以上は増やすなよ」

おかー、ちょろすぎる!

俺の中に巣くう闇

脚に障がいがあったとかコンプレックスがあったとか言っているわりには、楽しそうな子ども時代じゃん、って思った人もいるかもしれない。

どんな人の中にも陰と陽がある。誰にでも光と闇がある。俺の中の「陽」の部分をうまく活かせるようになったのは本当にここ数年のことで、俺は本来、人一倍闇深いタイプの人間だ。そういうわけで、俺の闇の部分もちょっと話しとこうか。

小学生の頃の俺のノートに書かれた落書きを見たら、たぶんゾッとするよ。鬼とか、グロい絵とかだけじゃない。5ミリの方眼ノートのマスにぎっしり埋まっていたのは、**「殺殺殺殺殺殺殺殺殺殺殺殺殺殺殺殺殺殺」**とか、**「死死死死死死死死死死死死死死死死」**

とかだった。
ヤバくね（笑）。

初めていじめられたのは、小学校に入学して通うようになった学童だった。女の子の集団に目をつけられて、さんざん冷やかされた。

そのせいで学童に行くのが本当に嫌で、学校が終わるとよく校庭のジャングルジムのてっぺんに登って籠城していた。先生たちが呼びに来ても「絶対降りない」と、夕方までそこにいた。おじーが迎えにくるとスルスル降りて一緒に帰った。スパルタで厳しかったはずのおじーなのに「なんで学童に行かないんだ」といった類いのことは一切言わなかったし、叱りもしなかった。

ちなみに、俺が借りパクしたゲームボーイを家の団地に隠させてもらった友達は「マー君」というのだが、こいつはいじめられっ子だった俺をかばって一緒にいじめっ子と戦ってくれた心優しき友であり、俺のヒーローだった。

人と違って極端に細い両脚と、脚を引きずって歩く自分の姿を人に見られるのが心底嫌で、**人の前で歩くっていうみんなにとって当たり前のことは、俺にとって苦痛以外のなにものでもなかった。**

長ズボンでいられればまだ少し気持ちは楽だけど、体育とか水泳とか、脚をあらわにしなければいけないタイミングは本当にしんどかった。「奥間は体育の時も長ズボンでいいよ」と先生が言ってくれてはいたけど、俺はなんだかんだと理由をつけて保健室へ行き、体育の授業にはほとんど参加しなかった。

青春時代の思い出になるはずの体育祭にも、修学旅行にも、1回も参加したことがない。人に自分の身体を見られるのが心底嫌だった。成長するにつれて、イベントごとに限らず、授業もどんどんサボるようになっていった。

ただ、今、俺が俯瞰の視点を武器に音楽や世界観をつくり上げることを得意としているのは、このコンプレックスと過ごした子ども時代のおか

げだと思っている。

子どもっていうのは基本的に自分中心のものの見方をするのが当たり前だと思うんだけど、俺は違った。いつもいつも、「脚に障がいのある奥間玲央くん」「脚を引きずって歩く奥間玲央くん」という、「周りから見えている自分」ばかりを外から見て、意識して生きてきた。好きな子なんて通りかかろうものなら、逃げるしかなかった。

カッコわりぃ。人と違う。ちゃんと歩けない。

そういう自分をいつも外側から、人から見るみたいにして第三者視点から眺めて生きてきた俺。綺麗な言い方をすれば「客観視の達人」なんだろうけど、そんな自分のダサい姿を毎日毎日ずーっと他人目線で見たって気分いいわけがない。

自分がいじめられた反動か、人のことをいじめたこともあるし、自分に対してなのか、人に対してなのか、はたまた両方に対してなのか、幼い俺の胸の内ではドス黒い憎悪のような感情が渦巻いていた。

そのまま大人になって憎悪の感情を世界に放出し続ける人間になる世界線もきっと

あったんだろう。だけど俺はどこかのタイミングで**「変わりたい」**と願った。というか、変わらないと、生きていけなくなった。

今の自分のままでいたら苦しい。「変わる」選択肢を選ばない人は、たぶん変わらなくても困らないというか、なんだかんだそのまま生きていけるからなんだと思う。「このままだと無理だ、変わらないと死んでしまう。つーか、変わったほうが絶対に得だ」と心底思ったから、俺は「生まれ変わる」というカードを選んだ。

自分が変わったら、人に対しても期待できるようになった。「人って変わらんよね」って前は思ってたけど、今はそうは思わない。

今がどんなにキツくても、「可能性を信じる」のカードを選ぶことは、みんなできるんだZ。

Adventure 2

REBORN

最高の収穫は
最悪の経験から

鬼みてーに強い奴

「それにしても、つーぐーさん、大丈夫かなあ……」

いじめられたり、自分でも自分を憐れんだりしていた幼少期、イベント全欠席、授業もサボりまくっていた中学時代を過ぎ、なんとか高校に入った後、俺が遊んでいた女の子には、彼氏がいた。にもかかわらず、俺と恋愛関係になってしまった。

それを知って、その女の子の友達たちが心配そうにそうつぶやいた。

「つーぐーさんって誰?」と聞き返した俺を、気の毒そうな表情で見つめるその子たち。つーぐーさんとは、その女の子の彼氏の名前らしい。そしてこの際だからついでにいうと、俺にも彼女がいた。つまり、高校生にしてダブル浮気。良くないですね。

なぜその子たちが心配していたのかといえば、つーぐーさんといえば那覇界隈の高校生で知らない人はいない、ボス的な存在だったたからだ。化け物みたいに喧嘩が強く

「鬼みたいな奴がいる」と言われていたらしい。しかし、俺の地元は嘉手納だから那覇のことはよく知らない。だから何も知らずに地雷を踏んでしまったのだ。

その子たちからつーぐーさんのことを聞き、俺は青くなった。

「レオ君、殺されちゃうんじゃない……？」

ある日、クラブで遊んでいた俺のもとに、ただならぬオーラを放つ男が近づいてきた。ヤバい、つーぐーだ。絶対にこれがつーぐーだ。気づいた俺が固まっていると、

「俺の彼女と一緒にいてくれたんだって？　ありがとね」

つーぐーはそう一言だけ残して立ち去って行った。殴られるより恐ろしいとはこのことだ。高校生の発言じゃないだろ。ありがとうってどゆこと……？

その後、つーぐーから「1回ちゃんと会いたい」と連絡がきた。「ああ、ついにくるされる（沖縄で「ぶん殴られる」みたいな意味）んか……」と俺は覚悟を決めた。

しかし、俺が亡き者にされることはなかった。怒鳴られたり、怒られたりすることすらなかった。

つーぐーは、「おまえってどんな奴だば？　おまえのいるシーンのこと、教えてよ」

と、俺の好きな音楽や洋服のことなどをいろいろ聞いてきた。そういうやりとりを通じて、俺とつーぐーの距離はどんどん近づいていった。しまいには親友になった。

「俺の彼女が今まで他の男を好きになるようなことはなかった。そんな彼女が心を奪われるようなおまえって、いったいどんな人間なんだ?」

と、つーぐーは言っていた。フツーに考えてただのクズ男だろう。どんだけ器のでかい男なんだって感じだけど、おかげで俺は命拾いをした。

つーぐーは心底信頼できる男で、俺と違う種類のパワーを持っている奴だ。不良のくせに、通ってた通信高校では学級委員をしていたらしい。

俺にとってすごく学びの多い相手で、そのうち俺のライブのマネージャーみたいなことをしてくれるようになり、以来、パートナーとしてビジネスを支えてくれた。後年には俺のマネジメント会社「I'M HAPPY」も立ち上げて、現在は仕事こそ一緒にしていないものの、**今も俺のかけがえのない親友だ。**

この時に俺たちの板挟みになっていた女の子とは、つーぐーも俺も、結局別れた。

今思えば、この女の子は俺とつーぐーの縁をつなぐ役回りだったんだろうな。

HIPHOP前夜

こんな感じで、友達と遊んだり女の子とたわむれてみたりしながら、俺は高校生活を送っていた。

ラップやHIPHOPと出合ったのは**偶然**だった。

ある日、学校のボス的存在のかっこいい先輩から「レオクマもラップしようぜ」と誘われた。レオクマというのは俺の本名をもじったあだ名で、さらに言うと、俺のおかーのあだ名（「奥間綾乃」→「あやくま」）に由来している。

俺の以前のアーティスト名は「R'kuma（レオクマ）」っていうんだけど、これは普段のあだ名をそのまま使っていたわけ。

この頃、俺は高1の16歳で、世間ではちょうどラップやHIPHOPがポピュラーなものになり始めていた。「BSスカパー！」のバラエティー番組『BAZOOKA!!!』のなかで**「高校生RAP選手権」**というコーナーがあり、それに出場することを夢見る高校生がたくさんいた。

知らない人のためにちょっとだけ説明しておくと、この選手権は全国から選抜された高校生たちがフリースタイルのラップバトルをして勝ち上がっていくもの。言葉選びやフロウ（HIPHOPの世界でいう歌い回しのこと）をその場で臨機応変につくっていくため、スキルが求められる。この選手権の出身者でその後有名になった人はけっこういる。

俺はラップもHIPHOPもよくわかっていなかったが、憧れの先輩から直々に声をかけられたのが嬉しかったのもあって、**「ラップってなんすか？」**と食いついた。この先輩は俺が当時付き合っていた彼女のお姉ちゃんの彼氏でもあり、かっこよくて、俺としてはもっと親しくなりたい存在でもあった。

先輩は「最近流行ってる、ああいうやつだよ」と、HIPHOPの曲や、高校生R

AP選手権のことを教えてくれた。俺は「ああ、あれか」と合点がいったものの、まったく経験もないので、「でも、俺、（ラップ）バトルとかできないっすよ」と返した。するとその先輩は「いや、リリックとか書くのもラップだからさ」と教えてくれた。俺はなんとなく「書くならできるかも！」と思い、帰宅してネットで「リリック」と検索したら、ラップの歌詞のことだとわかった。それで、なんとなーく書き始めたことが、今のOZworldに至るすべての始まりだ。

という具合に、ラップを始めたのは本当にただの偶然だったんだけど、今思えば、先輩に誘われる前から俺の人生はＨＩＰＨＯＰのカルチャーに少しずつ引き寄せられていたのかもしれない。おかーの姉はよく黒人の彼氏と付き合っていて、昔からずっとＨＩＰＨＯＰを聴かせてくれたり、ストリートな服装をさせられたりしていた。

俺の地元の友達といえば、中学まではいかに制服を腰パンしてシャツのボタンを外しまくるかみたいなヤンキーチックなファッションが主流だったんだけど、ある時、まったく違う文化に出合ったのだ。それがストリートカルチャーだった。

話は前後するが、高１の最初のクラスで俺の前の席に座った男子。彼は中学時代は別の学校で、友達と遊んでいる時にちょっと会ったことはあった。改めて高校で同じ学校になって、席が前後になったわけだが……

その時、彼のファッションが俺らと全然違うことに気づいた。

シャツは一番上までボタンをきっちり留め、ズボンは全然腰パンではなくきっちりウエストで穿いている。裾はさりげなくスキニーっぽく改造して、足元はＶＡＮＳのスニーカー、みたいな。どうやらアメリカのスケーターのファッションを制服に落とし込んでいたらしいが、それがめちゃくちゃ新鮮でかっこよくて。

そういうのを「ストリートカルチャー」というのだと知って、俺はすっかり心を奪われた。彼は俺の地元からチャリンコでほんの15分行った北谷《チャタン》の桑江という場所の中学出身で、俺たちの地元・嘉手納にはそういうファッションはあんまりなかった。

ちょうどヤンキー風のファッションもそろそろ卒業っていう気分だったし、同じストリートでもアメリカの文化も面白いしかっこいいなと思い、そこからはストリートカルチャーとファッションを学び、嘉手納の仲間たちに広めていった。ストリートカルチャーといえばスケボーだけど、俺の脚ではスケボーは無理なので、代わりにBMXを買い、彼女と二人でバニーホップ（自転車のジャンプ技術の一つで、前輪も後輪も宙に浮かせる難易度の高い技）の練習をしたりしているうちにラップと出合い、外に出かけてサイファーしたりしていた。

その場所が兼久海浜公園の辺りで、その頃はまだ俺みたいなことをしているのは地元じゃ皆無だったから、「なんだ、なんだ？」と先輩も後輩もわらわらと集まってきて、スケボーやBMXをしたり、サイファーしたりする人たちがだんだんと増えていった。

そこは今ではすっかり地元の若者たちが「そういうことをする場所」として定着している。**今そこで遊んでいる子たちは、俺が最初に始めたことなんてまったく知らないだろうけど、俺は今、その光景を見てひそかに喜んでたりする。**

「ぶち壊したい／わからずやの大人たち」

ストリートカルチャーにのめり込んでいく一方で、この頃の俺の将来なりたい職業の一つは**「カウンセラー」**だった。意外じゃない？

「人の話を聞く仕事をしたい」と考えるようになったのは、俺にとってはけっこう自然な流れだった。授業をサボる度に訪れる保健室では養護の先生がいつも俺の話を聞いてくれたし、俺の複雑な内面や事情も理解してくれていた。

小・中・高と、学校でカウンセリングを受けさせてもらっていたこともあって、人の悩みの聞き方や答え方みたいなものは俺の中に自然と蓄積されていたのだ。

そのせいか、俺に悩み事を打ち明けてくれたり相談してくれたりする人もけっこう多かった。「オクマ相談室」なんて銘打って、休み時間や放課後に悩める友の話を聞くこともけっこうあった。内側に闇を抱えているわりには、周囲の人間の間をとりもつ調和係になりがちなところはけっこうあった。

ただ、**人の話を聞くのが得意になっても、俺の内面に渦巻く闇は、相変わらずだった。**その証拠に、記念すべき未来のOZworldの人生初めてのリリックは「ぶち壊したい／わからずやの大人たち……」という、ポジティブバイブスとは程遠いシロモノだった。

なんでそんな言葉が出てきたのか自分で今考えてもよくわからないけど、やっぱり、まあ、いろいろ大人や世の中に不満があったんだろうね（笑）。

「適当にYouTubeでビートを探して、気に入ったものでノレばいい」と例の先輩に言われていたので、俺は素直にその通りにノッてみた。今思えば小節も無視だしサビもないし韻も踏んでないテキトーなもの。しかし俺的には「ヤバいのできた!」と大満足して、友達にアカペラで歌って聞かせたりしていた。

ちなみに、俺がすごく音楽が得意な子どもだったのかといえば、そういう感じでもない。カラオケで「うまいね」と褒められることはあったし、おばーも歌はうまいんだけど。音楽を聞くのは好きだった。その時に流行っているJ-POPとか、あとはDef Tech(デフテック)と、前述のRickie-Gは俺の中の二大巨頭。

Def Tech…ONイチオシ:Rays of Light

右ページで紹介したDef TechやRickie-Gの音楽が最高に合う沖縄の景色。冒険は続くよどこまでも♪
提供：OZworld

社会不適合者の錬金術

ラップにはお金がかからないことも、俺にとっては魅力だった。

なんせこの脚だから、社会的には戦力にならないことも多い。コンビニでバイトをしていた時には、立ったりしゃがんだりの動作すらしんどくて、商品補充をするのもままならなかった。かといって、コールセンターみたいな座り作業ならいいかといえば、座りっぱなしもこの身体には障《さわ》る。

コンビニも無理、長時間の座り仕事も無理、外での工事現場みたいな仕事も言うまでもなく無理。この頃の俺は、脚のこともあったとはいえ、あきらめ体質だった。

「これ俺、社会でやっていくのけっこう厳しい……？」

社会不適合者という言葉が頭に浮かんで、けっこうBAD入っちゃうこともあった。

だけど、こんな俺の身体でもラップは問題なくできるし、お金もかからない。何より、やってみたらこれがめちゃくちゃ楽しい。

自分にぴったりの自己表現ツールを見つけた俺は、まるで新しいおもちゃを手に入れた子どものようにラップにハマった。

ラップの世界にのめり込むことで、頭にチラつく「社会不適合者」の6文字を、見て見ぬふりしたかったのもあるかもしれない。

コンビニのバイトをクビになったのは、たしか高2の夏休み初日だった。四六時中ラップのことを考えていてバイト中もうわのそらだったし、作業でも戦力になれていなかったから、まあ仕方ないといえば仕方ない。「まあいいや、俺にはラップがあるし」と、むしろ罪悪感から解放されてルンルンで、大して気にも留めなかった。

しかし、遊びたい盛りの高校生の俺、やっぱりお金は欲しい。そこで、クビになる前にもらったコンビニバイトの給料を元手に、古着屋で仕入れた服や自分が着なくなった服をInstagram経由で販売してお金をつくっていた。

こういう錬金術みたいなことが得意なのは今も一緒で、それは、**「普通の**

バイトができない」状況から生まれた苦肉の策というか、生きていくための知恵というか、そういうところから編み出されたものなんだろう。

ラップと同じくらいファッションも大好きで、学校を早退しては、憧れの先輩が働いている「シェルター」という洋服屋に遊びに行ってもいた。その先輩から流行りの服の情報を仕入れたり、その店に来るお客さんと仲良くなって遊びに連れて行ってもらったりもしていた。そこでつながった人たちは音楽をやっている人もけっこういて、いろんな人と知り合った。

そういえば、実際に知り合ったのはもっと先だけど、当時の俺が彼女と国際通りでデートしている様子を見かけて「なんかおしゃれな高校生がいるなぁと思っていた」と、唖奇さんから後で聞いた。

パンチしたら倒れそうなボロビルで

コンビニバイトをクビになったのと時を同じくして、俺が足しげく通うようになった場所がある。「L-LINE」（現EQ）というミュージッククラブだ。ここは俺のルーツになる箱（ライブハウス）で、大げさに言えば、5人くらいで一斉にパンチしたら壊れちゃいそうなボロっちいビルの一室にあった。

そこで働いていた「KDT」さんは、高校生RAP選手権に沖縄から初めて出場した人。**憧れの世界への扉を開いてくれたのは間違いなくこの箱と、ここに出入りする人たちだった。**

その頃の俺は今のような曲の形ではなく、サイファーをしたり、小規模だがライブをしたりしていた。人生最初のいくつかのライブは、忘れられない思い出だ。

L－LINEでは、毎週水曜日に「オープンマイクナイト」というイベントをやっていた。ある日、一緒に曲をつくっていた友達のところに、KDTさんから電話がかかってきた。電話の内容は「明日のオープンマイクナイトでライブする？」だったという。友達は**「します」**と、悩むことなくその場で返事をした。

それから俺に電話してきて、「明日ライブするよ！」と告げられた。あれにはビビった。だって、披露できる曲、一つもなかったから（笑）。俺だったら「明日はちょっと……」となっていたかもしれない。度胸のある仲間に感謝。

ライブはもう明日。曲はまだない。

だから、その日の放課後に急いでリリックを仕上げないといけない。そこで、例のOZworldの人生初リリック「ぶち壊したい／わからずやの大人たち……」を完成させた。翌日、俺たちは学校帰りに制服のままバスでL－LINEへ向かい、初めてのイベントでライブをした。

お客さんは０人。出演者のみ。

その出演者の中に、「鉄ちゃん」という同級生がいた。鉄ちゃんは、自分でつくった曲を披露していた。「すげえ」と食らった俺はそこからＬ－ＬＩＮＥにしょっちゅう遊びに行くようになった。高校では「最も保健室利用と早退の多い生徒」の称号をほしいままにしていた俺だけど、好きなことなら話は別だ。

もう一つ、初めてお客さんを入れた本格的なキャパのイベントも思い出深い。この記念すべきイベントは、B-$ OONによる自主開催だった。

ある日、仲間といつものように服屋のシェルターでチルしていると、Facebookでつながっていた一つ上のＤＪと出会った。その人は那覇のＤＪで、俺たちに「来月イベントやるんだけど出ない？」と言ってくれた。

横にいた例の仲間の回答はもちろん、即答で**「出ます！」**。

こうして１ヶ月後にライブ出演が決定したが、自分たちのホーム箱を出て外でライブなんてしたことがない。「どうしよう？」ということで、那覇ライブ出演前に、ホームであるＬ－ＬＩＮＥで自分たちでライブをやってみようということになった。

これが初の自主開催ライブだ。イベント名は「スイムミュージック」、入場料は500円。お客さんは友達中心だったけど、自分たちでやったライブは楽しかった。

1ヶ月後のライブはどうだったか。

初めての那覇ライブ、初めて出会う先輩たち。CHOUJIさんたちともここで知り合った。無事に出演はしたが、正直、内容はあんまりよく覚えていない。その時のメンバーによると、**俺はめっちゃ緊張してゲロっていたらしい。**

俺にもそんな可愛い時期があったんだなぁ。ていうか俺、実はすごいあがり症だったことは間違いない。脚のコンプレックスゆえに、人に見られること自体がすごいストレスだったからだ。おしゃれだとか言われても根っこは変わってなかった。脚も隠してたし。もちろん今は、何も気にせず集中できるようになったけどね！

KDT…OZイチオシ：AMENOCHIHARE／鉄ちゃん…OZイチオシ：クリエイティブ照屋／CHOUJI…OZイチオシ：OKI DOKI

殻を破る

そこからは徐々にフリースタイルのラップだけじゃなく、曲も手がけるようになった。クルーのメンバーたちと雑だけどレコーディングをしたり、iPhoneで撮影してMV（ミュージックビデオ）をつくったりもした。それをCDに焼いて人に配ったりして、少しずつ自分たちの音楽活動を広げていった。

だが、こんなふうにL-LINE以外の世界に進出していくことを、一部の大人は良くは思っていなかったと思う。なぜって、正直、危ないことだってあるかもしれないからだ。俺らは高校生だし、大人たちは俺たちを危ないことから守ってくれようとして、「あんまり外に行くな」って言っていたのだろう。

しかし、楽しくなっちゃった俺はその忠告を無視して、バスを乗り継いで、那覇のほうまでいろいろな場所へ出かけていった。守ってくれようとしていた大人たちには申し訳なかったけど、**結果的に俺はあの時、どんどん外の世界に挑戦してよかったと思っている。**あのまま一つの場所にとどまっていたら、たぶん今のOZworldはなかったんじゃないかな。

そういう活動の一つに、2014年に高校生RAP選手権で準優勝したL－LINEの先輩、Rude-α（ルードアルファ）と一緒にYouTubeで発表した曲「CoCo ga OKINAWA」（2015年）がある。2人でフリースタイルしているうちにできた曲で、彼の知名度もあってこの曲はいい感じにプチバズった。おかげで俺のことを知ってくれる人もどんどん増えていった。よーへいさん、世に言う「Rude」は、俺に音楽に本気になるきっかけをくれて、大事に思ってくれている兄貴だ。彼なしに己を語れないほどの超恩人。

コンプレックスだらけだった俺、社会不適合者を覚悟しかけていた俺の人生は、ラップとラップを通じた人々との出会いによって確実に上向き始めていた。

Rude-α…OZイチオシ：うむい

Rude-αことよーへいさんと、いつかのツーショット。2人とも若い！
提供：OZworld

TA・I・HO

これから俺の失敗のことをありのままに書くけど、これを読んで誤解しないでほしいことがある。俺はこのことを決して武勇伝みたいに思っていない。むしろ読めばわかる通り、人生終わったと思って死ぬほど怖かったし、後悔した。

一方で、もし今人生のどん詰まりにいる人がこれを読んでたら言いたいのは、**一度の大失敗で人生は終わらないということ。**失敗も成功も、自分がどうとらえて次にどう動くか次第だっていうこと。

あの日のことはよく覚えている。

高校卒業を控えた最後の冬休みのある日。俺は北谷のでかい駐車場にいた。夜の7時か8時くらいだったかな。

その辺にはたくさん人が集まって思い思いに過ごしていた。

そんななか、突然警察官がやって来て、職務質問を始めたのだ。

「財布出して」

と言われて、俺の財布を受け取って中身を見ていた警察官の顔色が変わった。

出て来てしまったのだ、俺が捨て忘れていた例の植物片が。

そこからはもう、怒涛。パトカーが5〜6台やって来て、めっちゃ写真を撮られ、とっ捕まえられて、連れて行かれた。大麻取締法違反の疑いで現行犯逮捕。

沖縄県で現役高校生が8年ぶりに逮捕、みたいなセンセーショナルな感じで報道され、マジで俺は**「人生ここで終わった」**と思った。

最初の3日くらいはあまりのショックに何も考えられなかった。何かから追われて逃げる夢を1週間続けて見るほど、精神が追い詰められた。

しかし、4日目くらいになると少し気持ちが落ち着いてきて、差し入れてもらった便箋にリリックを書いたり絵を描いたりするようになった。特に深く考えてなかったのだが、アホなことに植物のイラストを描いちゃって、それを見つけた留置所の係の人が俺のおかーに言いつけた。「おたくのお子さん、反省してないですよ」って。おかーが俺に「おまえさあ、恥ずかしすぎるだろ!」とブチ切れた。ごめん、おかー。

その頃は身体的な理由と音楽で多少沖縄で顔を知られていたこともあって、誰にも会いたくなくて、留置所でも鑑別所でも、俺はずっと個室にこもりきりだった。食事も一人でとったし、筋トレは毎日していたけれど、自由時間に他の人と運動場に出たりもしなかった。

「ここから出られるだろうか」「出た後、俺はどうなっちゃうんだろう」という恐怖心との戦いのなかで唯一の楽しみになっていたのは、読書と、夢を見ることだった。

本は留置所や鑑別所に置いてあるもののほか、おかーやおばーが差し入れてくれたものを読んだ。外からの情報はシャットアウトされているし、やることもないしで、俺は読書に全集中していた。毎日3冊くらい読んだ。たしか1ヶ月と20日くらいを塀の中で過ごして、合計で170冊くらいの本や漫画は読み切った。

なかでも心に残ったのは、ゴルゴ松本さんの『あっ！　命の授業』（廣済堂出版）。この中の「日本語はアイで始まってヲンで終わる」という話がすごく心に刺さり、その後、「ＯＫＵ」という曲のリリックに使わせてもらっている。

あとは、おかーが差し入れてくれた漫画『サンクチュアリ』（史村翔原作、池上遼一作画／小学館）と、おばーが差し入れてくれた『ザ・シークレット』（ロンダ・バーン／角川書店）も、よく覚えている。

これらの本は文字通り、俺の人生を変えた。

ひきつけて、リボーン

特に、『ザ・シークレット』は、俺の人生に特大の影響を与えた。というか、このタイミングでこの本と出合ったことで、大げさでなく俺は「生まれ変わった」のだ。それくらい、この本から得たものは大きかったし、その後の人生に大きな影響を与えた。

『ザ・シークレット』は、信じること、思い込むことで現実を引き寄せられると説いた本で、そのやり方が丁寧に説明されている。いわゆる**「引き寄せの法則」**のブームは、この本が発端だ。

この本が出版されて大ブームになったのは俺が小学生の頃で、その時にこの本のDVD版をおばーの誕生日にプレゼントしたこともあった（レンタルだったけど！笑）。

俺は「引き寄せの法則」を「ひきつけの法則」と覚え間違えていて、TSUTAYA

る。

の店員に「ひきつけの法則のDVDはどこですか」って言って失笑された思い出もある。

人生の大ピンチを迎えて藁《わら》にもすがる思いだった俺は、鑑別所の中で、『ザ・シークレット』のやり方に則《のっと》って、引き寄せの法則を実践することにした。それくらい、無事に元の生活に戻れるかが不安だった。

望む現実を引き寄せる技を身に付けるため、まずは軽い成功体験を積もうと俺は考えた。最初からあまりにハードな目標を立てて失敗してしまったら、何よりの肝である「信じる」ことができなくなってしまうからだ。

だからたとえば、「今すぐ鑑別所を出る」は100%無理なことがわかっているので、信じ切ることができない。そこで俺はまず「HIPHOPが聞きたい」と「甘いものが食べたい」の二つを、引き寄せたい現実として設定してみた。

詳しいやり方に興味がある人は本を読んでみてほしいんだけど、結論から言うと、俺のこの二つの願いは、なんと、その日のうちに実現した。

「マジで？」って思うよね。どう実現したか、説明するね。

まず、一つ目の「ＨＩＰＨＯＰが聞きたい」。

その日は土曜日で、土曜日は映画を観させてもらえる日だった。ただし、何を観るかは鑑別所の人が決めるから、俺には選べない。でも、その日選ばれたのは『チェケラッチョ!!』という作品で、なんと初心者の高校生４人がヒップホップバンドを組む話だった。つまり、作中でＨＩＰＨＯＰが聞けたわけ。

さらにすごいことに、夕食の時間に聞かせてもらえるラジオでもＨＩＰＨＯＰが流れた。しかも、例のオンボロパンチビルに俺が初めてライブしにいった日に歌っていた鉄ちゃんの『平成生まれ』という曲が流れてきたのだった。本当に驚いた。

これだけでもう十分に引き寄せのパワーを実感できるけど、もう一つの「甘いものが食べたい」までもがその日のうちに実現した。その日は俺の隣の房に入っている子の誕生日だったらしい。それで、夕食の時に全員にケーキが配られた。

ここまで見事に二つの願いが実現し、ただでさえ非日常の世界に閉じ込められて「なんでもアリ」の頭になっていた俺は、引き寄せの法則を完全に信じた。

信じ

るものは救われるのである。

後から振り返ってみれば、引き寄せの法則を使うための大事なポイントである「集中する」「心から信じてイメージする」といった条件は、留置所や鑑別所にいたら自然と整いやすい。毎日5分間の「内省の時間」があり、白い壁に向かって正座して内省させられるので、強制的に瞑想状態になるのだ。外部からの刺激が限りなく少ないから、いやでも目の前のことに集中できる。俺はまさに藁《わら》にもすがる思いで引き寄せの法則を信じ、その感覚を身に付けた。

引き寄せの法則をマスターした俺は「すごいことができるようになってしまった」と震えた。**本気でかめはめ波を打てるようになった気分だった。**厨二病である。

「これはマジですごいから、いざという時のためにとっておこう」

俺はそう考えた。いつか、俺の人生で切り札になってくれる日がくるような気がした。そして実際、鑑別所を出てから俺はさっそくそのパワーを発揮して人生を変えていくことになる。

初・おかーとの二人暮らし

俺がずっとおじーとおばーと暮らしていた話はすでにした。鑑別所を出てからのタイミングで、実は、生まれて初めておかーと一緒に暮らし始めた。

なぜって、地元の嘉手納にいづらくなったからだ。家族や親戚にめちゃくちゃ迷惑をかけてしまった。当たり前だよね。親戚の高校生が逮捕されて全国ニュースで報道されたら、穴があったら入りたくなるわな。

意外かもしれないけど、うちの母方の家系は教育一族で、偉い役職に就いていた人もたくさんいる（実はおじーも教育委員会の部長まで勤め上げた人だ）。すごい賞をもらえる予定だった親戚もいたらしい。俺がやらかしたせいでその人たちみんなに恥をかかせてしまい、正月にいつもうちに来ていた親戚も来なくなったりして、おじーとおばーには本当に悲しい思いをさせてしまった。

一番悲しかったのは、おじーもおばーもおかーも、俺を怒らなかったことだ。怒るのを通り越してただただ悲しかったんだと思う。そんな家族の様子を見て俺もひたすら悲しかった（俺が悪いんだけどね）。おかーに関してはそもそも、俺なんか比にならないくらいヤンチャをしてきた人だから、俺を怒れる義理ではなかったのかもしれないけど……それでも、そんなおかーもショックだったには違いない。

地元の仲間やクルーにもずいぶん迷惑をかけた。そして同時に、たくさんの愛も受けた。

そんなわけで、別の市に住んでいるおかーの家にしばらく居候することになったのだ。

それは最高のタイミングで訪れた、おかーとの初めての同居。

こんなタイミングで訪れた、おかーとの初めての同居。

それは最高の生活だった……**わけがなかった。**俺のストレスはＭＡＸで、すぐに音を上げた。たぶん、おかーのほうもすごくストレスフルだったはずだ。

俺たち、一緒に住んだらうまくやっていけない相性なんだろうね。ほとぼりが冷めたのを見計らってしばらくしてから俺は地元に戻り、母子の同居はあっという間に終焉を迎えたのだった。

ちなみに、通っていた高校は退学になったんだけど、ここには裏話がある。本来であれば強制退学が妥当だ。でも、俺が通っていた高校の校長先生は俺に温情をかけて、自主退学にしてくれたのだ。しかも、それまでの単位は残してくれた。だから俺はその後に別の通信制の高校に通い、無事に高校卒業の資格を得た。

校長先生には障がいのあるお子さんがいた。脚に障がいがあり心に闇を抱えている俺をお子さんに重ね、無下にできなかったのかもしれない。

俺は高校時代、授業をサボっては保健室のカウンセラーさんにワッサー（ワッツアップ？　調子どう？）し、校長室に寄っては校長先生にワッサーしていた。

授業はサボるしこんなふざけた生徒に、これ以上ない温情をかけてくれた。感謝してもしきれない。

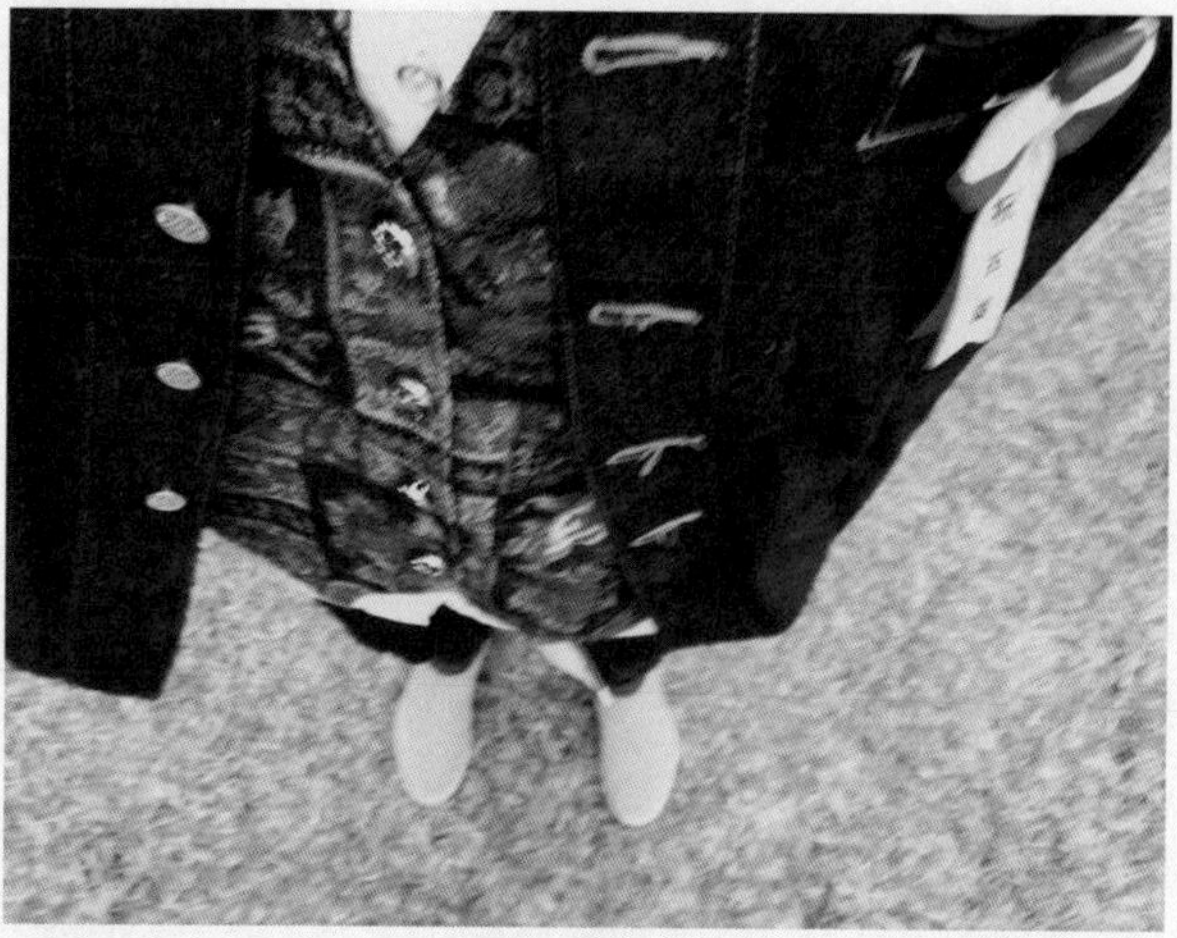

通信高校の卒業式。この数年先の未来のことになるが、おかーも俺と同じ通信制の高校に通って高卒の肩書きを得た。おかーの卒業式の日には、俺がサプライズで登場して曲を披露した。つまり、俺はおかーの高校の先輩ってこと（笑）。
提供：OZworld

レオクマ、世に出る

音楽活動のほうはどうなったかといえば、こっちもピンチだった。とてもじゃないけど地元の音楽シーンにのこのこと戻れるような状況ではなかったし、**高校生ラッパーならみんなが出場を夢見る「高校生RAP選手権」のオーディションも、俺が鑑別所にいる間に終わってしまっていたからだ。**

俺は過去2度のオーディションを受けていたが出場が叶わなかったため、高3の今年は年齢的にもラストチャンス、と意気込んでいた矢先の逮捕だった。

しかし、俺にはとっておきの切り札があった。そう、引き寄せの術である（笑）。

「あの奥義を使う時がきた」

俺は本気を出すことにした。

引き寄せたい現実は「俺のために主催者が特別枠を用意してくれる」。

過去2回のオーディションでは落選してしまったが、界隈では「R'kuma（レオクマ）は、次はいけるはず」と言われていたので、特別枠の可能性は俺にとってあながち非現実的な話ではなかった。

というより、俺にとって、第9回高校生RAP選手権へのR'kumaの出場は、決定事項だった。当たるとわかっている宝くじを買いに行くような感覚である（これが「引き寄せ」のコツね）。

さあ、俺は本当にかめはめ波を打てるのか。

鑑別所を出てから4日後、衝撃的なことが起きた。

オーディションが再開催されたのだ。

「第9回高校生RAP選手権、応募者がすごく多かったから、追加でオーディションやるってよ」

きたきたきたきた！　運命の女神が俺に微笑みかけてきた。いや、まだほっぺが少しピクッとしたくらいで微笑むところまでいっていないかもしれない。だが、俺はこのチャンスを逃す気はない。

オーディションに参加するために東京へ行きたいと、俺はおかーに頼み込んだ。「2回もダメだったのに？」と懐疑的なおかーに、俺は「これでダメだったらおかーの言う通りに普通に働くから。おかーの言う仕事をなんでもやるから、三度目の正直ってことで最後に参加させて」と訴えた。

俺の思いが伝わったのか、おかーは「わかった」と言って、さらには東京への飛行機代までカンパしてくれた。俺は合格する気満々で、オーディションに臨んだ。

信じるものは救われた。運命の女神はしっかり俺に微笑んで、俺はオーディションに合格した。憧れの高校生RAP選手権への出場が決まったのだ。

電話でおかーに報告すると、**「やったー！」**と大声で叫ぶおかーの声が聞こえてきた。続けて、喜びのあまりの泣き声も聞こえてきた。おかー、ありがとうね。

2016年4月、俺は第9回高校生RAP選手権に出場して大阪の舞台に立ち、R'kumaの名前を全国区にすることに成功した。

また、翌年には、沖縄で昔から行われているイベント「うたの日コンサート」に出ないかと主催のBEGINさんが俺に声をかけてくれ、出演を果たした。例の事件で地元にいづらくなっていた俺だけど、これをきっかけに沖縄の音楽シーンに返り咲くことができたのだった。

自分が悪いことをしたんだけど、**捨てる神あれば拾う神あり**

というのは本当だと思った。

もう一つ、感謝していることがある。「うたの日コンサート」のステージは俺にとって「地元でライブする」という夢が叶った場でもあり、地元の友達、おばー、従兄弟、そしておとーまで来てくれた思い出深いイベントだ。

そのMC中、俺は**「音楽で取り戻した全部！」**と言ったらしい。

忘れていたわけじゃないけど、そのことを今でも鮮明に覚えていてくれる友達がいる。終わったかと思った友達（俺）がステージに戻れたことを、自分のことのように喜んでくれて、忘れずにいてくれる友達。ありがとう、もう心配かけないよ。

BEGIN：OZイチオシ：笑顔のまんま

「うたの日コンサート」のステージ。快晴の地元沖縄で、たくさんのお客さんの前で思いっきり歌ったこの日のことを俺は忘れない。
提供:OZworld

初めて会った奴の揚げ足の取り方を教えてくれ

第9回高校生RAP選手権では、1回戦で早々に敗退した。相手は岐阜出身の裂固（れっこ）という奴で、初出場にしてなんと優勝を飾った。つまり、俺は優勝レベルの相手と1回戦で当たってしまったのだ。

裂固には、見事なまでにコテンパンにやられた。彼の決め台詞**「ぶっちぎってやろうかその鼻ピアス」**はその後、町で声をかけられる度に言われたりして、しばらくは鼻ピアスがR'kumaの代名詞になったくらいだった。

当たった相手が悪かったといえばそれまでだけど、裂固が優勝することは俺にはなんの不思議もなかった。オーディションの時点で明らかに他の参加者とは違う雰囲気があったからだ。

楽屋でみんなが「うぇーい、よろしく〜」みたいにやっているなかで彼は人とつるまず、イヤホンをして一人黙っていた。そのストイックさに俺はひそかに感心していたので、1回戦でボッコボコに叩きのめされても不服はなかった。悔しかったけど。

とはいえ、「ベストバウト」の呼び声高いバトルを展開できたため、敗退したとはいいつつ、参加者をはじめ、「R'kumaやるじゃん」みたいな印象を全国の視聴者に与えることに成功した。裂固との名勝負のおかげで、俺のその後のキャリアはいい感じに広がり始めた。その後、Abemaの企画で裂固をはじめとするラッパーたちと一緒にベトナムにも行った。

さらに、同じ年の8月に開催された第10回高校生RAP選手権にも出場できることになり、その直後には人気のMCバトル番組**『フリースタイルダンジョン』**にも出演。高校生RAP選手権の出場をきっかけに、俺は業界でそこそこ知名度を上げていった。

だけど、本音を言うと、ラップバトルは苦痛も大きかった。だってさ、初めて会った人をディスるって、どういうことよ？

理解できる？　初対面の人間の揚げ足の取り方なんてわからないし、人を攻撃するのは俺は全然楽しくないし。

でも、ラップバトルキツいなって思う反面、第9回の高校生ＲＡＰ選手権の出場が決まったタイミングくらいから、「俺にはこれしかない」との気持ちも芽生えていた。

コンビニのバイトすらできない俺がなんとか生きていくために、この道でどうにか自分の基盤をつくらなければならなかった。

それができなければ、身体を傷めながらコールセンターで電話し続ける仕事に就く未来が確定してしまう。

その世界線は俺の中にリアルに存在していた。でも、そうじゃない、別の分岐線から延びる世界に俺は行きたかった。しがみつくような気持ちで人生を託したのが、俺にとっては高校生ＲＡＰ選手権だった。

俺がやりたかったのは、最初から、音楽や歌、アーティストだった。少しでも早く、そっちにつながる道を自分のなかで正当化したかった。だから、ラップバトルに賭けた。盛り上がっているラップバトルの市場で結果を残せば、世の中の人たちに俺の存在を認知してもらえる。俺にとってラップバトルは、アーティストの道に辿り着くために必要な、つまりは生きていくためのインフラみたいなものだった。

高校生RAP選手権への出場は、俺がどうしても手に入れたかったアーティストという世界線に向けて、たしかな分岐点が生まれた瞬間だった。

裂固…OZイチオシ：Keep On Runnin'

Adventure 3

STORMY DAYS

迷宮の先に
新しい扉

跳ねっ返り娘の収まり場所

燃え尽き症候群っていう言葉は俺のおかーのためにあるんじゃないかと思う。

第9回に続き出場した第10回高校生RAP選手権では、歴代の優勝者5人+残りの11人の出場者が、視聴者による人気投票で決められた。

俺が出場できるよう、おかーは張り切ってあちこちに声をかけてくれていた。そのおかげもあって俺はなんとか出場者の枠に滑り込めた。しかし、俺の出場が決まった後、おかーはすっかり燃えカスみたいになってしまった。

ひとたびおかーがこうなってしまうと、元気な状態に戻るのにはけっこう時間がかかる。この時もおかーは大いに燃え尽きて、しまいには「死にたい」とか言い出した。

勘弁してくれよ。振れ幅、大きすぎるんよ。

しかも、「レオ、おまえも一緒に死のう？」とか言い出したからタチが悪い。当たり前だけど俺は「いやだよ、なんで俺まで死なないといけないんだよ！」って返事した。するとしばらくして、おかーは日本を飛び出し旅に出た。ほんと、そういうとこだぞ、おかー。

日本を飛び出したおかーの行き先はバリだった。バリ島にいる「兄貴」に会いに行ったのだ。「兄貴」って知ってる？『大富豪アニキの教え』（ダイヤモンド社）や、映画『神様はバリにいる』とかで有名な、「兄貴」こと丸尾孝俊さんのこと。彼は人の悩みを解決し、その人が自分の生きる道を見つけるのを手伝う天才で、彼に会いにバリまで飛んでいく悩める人々はあとを絶たない。

ご多分に漏れず、うちのおかーも兄貴によってインスピレーションを得たのか、1ヶ月後には自分の生きる道を見つけて帰ってきた。元通り、すっかり元気になったおかーが宣言した内容に、親戚一同はひっくり返りそうになったんだけど。

「選挙に出るわ」

うちのおかーがヤンチャな人生を歩んできたことは何度も話した。おかーの宣言を聞いて親戚一同、顎が地面に着いちゃうんじゃないかってくらいポッカーンと口があいてしまった。今これ読んでるみんなも思ったと思うけど、**まさに正気の沙汰とは思えない。**

しかし、おかーの決意は固い。不良だったこと、シングルマザーだったこと、障がいのある息子がいたこと。そういった自分のアイデンティティや実体験から感じた社会の問題や課題に対し、できることがあるはずだと思ったらしい。

一度言い出したら周りの言うことを聞かない俺のおかーは、選挙までわずか3ヶ月のタイミングで本当に出馬に向けて準備を始めてしまった。選挙区は那覇。住んでいたとはいえ、なんの地盤も看板もない無所属の状態で、おかーは走り出してしまった。

おとーとの再会は事件のフラグ

おかーが自分の使命に気づいてフライング気味に疾走し始めた頃、俺のほうもまた、人生の転機を迎えつつあった。

第10回の高校生ＲＡＰ選手権は２０１６年8月末に開催され、『フリースタイルダンジョン』の収録はその４日後だった。たとえるならオリンピックの後にワールドカップが行われるようなもので、それはそれは慌ただしかった。しかし、この二つの大イベントの合間の3日のうちに、大きな出会いが立て続けに二つもやって来た。

まず、小学生の頃に一度会ったきりで顔もほぼ覚えていないおとーと再会した。

第10回高校生ＲＡＰ選手権が終わった翌日、車で当時の彼女とデートしていたら、知らない番号から携帯に電話がかかってきた。出ても、相手は無言。

でも俺はなんとなく直感が働いて、迷いながらも**「え？　おとー？」**

と聞いた。すると、**「おう、玲央か？」**。

なんでおとーが俺の電話番号を知っていたかというと、数年前に俺がおとーの名前でFacebookを検索し、ヒットした人全員に「奥間玲央ですけどおとうさんだったら電話ください」とDMを送っていたからだ。理由は「なんとなく」。その時にはなんの反応もなかったが、この頃になってやっとおとーは俺からのDMに気がついたらしい。

「元気か？　ラップ選手権に出て頑張っているみたいだな」

なんて、その程度の軽い会話だったけど、その後、実際に会い、「うたの日コンサート」にも来てくれて、今でもたま〜に会う関係が続いている。そして後から俺は、この時におとーと再会したことは神様の采配だったのだと感謝することになる。

もう一つの大きな出会いは、Qさんとの出会いだ。この人と出会っていなければ今の俺はなかった。それくらい、大きな出会いであり、俺に衝撃的な変化と気づきをもたらしてくれた人だった。実は、いい思い出ばかりではないんだけど、俺のここまでの人生はこの人との日々を抜きに語ることはできないので、かなり不思議な話も入ってくるけど、しばらく付き合ってちょーだい（笑）。

おとーから電話がきた2日後、つまり『フリースタイルダンジョン』の前日にクラブで遊んでいた時にQさんと出会った。オーナーから「面白い人だよ」と紹介された。その頃の俺は鑑別所から出てきてまだ1年経つか経たないかくらいで、たしか19歳になる直前だった。音楽をやるための道筋をつかむのに苦心しているところだったので、自分を導いてくれるような、**頼れる大人**を探していた。

Qさんは沖縄のある会社で副社長をしていた。俺よりもひと回り上の大人で、ただならぬ覇気をまとっていた。実は、この直前にちょっと面倒な大人に引っかかりそうになる経験もしていたので、Qさんこそ俺を導いてくれる頼もしい大人に違いないと、俺はワンコのように懐いた。

この人だ、って思いを決定的にしたのは、Qさんが俺のハンディキャップについて、こう語ったことだった。

「俺がなんでおまえを選んだか、わかるか？　おまえの可能性はとてつもない。おまえにとってのコンプレックスは、俺からしてみれば希望でしかない。**『トランスヒューマニズム（科学技術で人間の身体能力とか認知能力を変革させること）』**って、わかるか？　ここからの未来はおまえにとって確実に都合のいい世界になっていくよ」

目が覚めたような気分だった。そんなふうに自分の身体のことを考えたことはなかった。目を見開いている俺にQさんはたたみかける。

「今、ストーンってお腹に落ちる感覚しただろ？　それを『腑に落ちる』って言うんだよ。おまえは今、新しい門に向かって一歩目を踏み出したんだよ」

俺が音楽でやっていけるよう、Qさんはプロデューサー的な役割を果たしてくれると言った。「俺が責任を持っておまえの面倒を見る」と言われ、それから俺たちは毎日会うようになる。前に書いた通り、俺は人を信じたくてたまらない人間。

気づいちまった俺

Q さんといるのはとても楽しくて、色々なことを学ばせてもらった。あちこちに連れて行っていろいろな体験をさせてくれた。しかしまもなく、Qさんの様子に変化が起きた。

スピリチュアルな世界への扉が開き、心身ともに「異常」な状態に陥ることを沖縄の言葉で「カミダーリ」（神障り）という。この状況になる人はいわば「やるべきことがある人」であり、神様から使命を授けられたと考えられている。

気づいてしまったからには、自分の人生をかけて神様の言葉を人々に伝えたり、祈りをしたり、人助けをしたりするのが定めと考えられている。いわゆる「シャーマン」「霊媒師」みたいなものをイメージしてもらうとわかりやすいかもしれない。東北のほうでは「イタコ」と呼ばれるが、沖縄ではそのようなことを生業や、人生にしている人のことを「ユタ」「カミンチュ」「ノロ」などと呼ぶ。

沖縄には**「医者半分、ユタ半分」**という言葉があり、お医者さんにも原因がわからない病気や困り事をユタに相談するのは今でも秘かに続いている文化。そのような背景もあって、カミダーリを経験する人は沖縄では珍しくない。

つまり、Qさんはカミダーリのような状態になってしまったのである。

このような状況に陥った人は、神様が祀られていたり、神様がいるとされる場所を巡ったりする「うがん（拝み）所回り」と呼ばれる修行の旅をする必要がある。

そういう「神ごと」をQさんもやらなきゃいけないということで、なんとなく俺たちもそれに同行する流れになった。まさか放っておくわけにもいかないからだ。「俺たち」とは、例の俺の相棒であるつーぐーと、当時の俺の彼女のことである。

回るのは複数の箇所で、1日や2日で終わるような旅ではない。ペンションを借りてそこに寝泊まりし、そこから修行の場へ出かける日々が1ヶ月半以上続いただろうか。しかも、たまに「米以外の食料は自分たちで入手する」という独自ルールが発動し、釣りをしたり、海に潜って魚を獲ったりして食べることもあった。

困ったことに、旅に出てからしばらくして、今度はつーぐーの様子もおかしくなった。Qさんと同じように、いろいろなものが視《み》えるようになってしまったのだ。

「いよいよおかしなことになってきたぞ」と俺は思ったが、こんな特殊な状況を他の人に話してもそう簡単に信じてもらえるとは思えない。

「カミダーリを経験する人は沖縄では珍しくない」とはいえ、身内がこのような状態になったことをおおっぴらに話したがる人は沖縄でもそう多くない。詳しい人が身近にいない限り、どう対処したらよいか知らない人が過半数なのである。よって、俺はどうすることもできず、謎の旅にひたすら付き合うことしかできなかった。

ところが、事態はさらに混迷を極める。**なんと、今度は俺にまで不思議な出来事が降りかかるようになってしまったのだ。Oh, no……**

俺、オバケとか見たことなかったし、そういう怖いのは大嫌いなのに、自分がそんなことになってしまい、本気で頭がおかしくなりそうだった。

最初に気づいたのは、浜辺で今晩のおかずにする魚を釣っている時に、ふいに隣に得体の知れないものが見えたことだった。俺はすぐに**「おかしいぞ、これはこの世のものじゃない」**と気づいた。

気のせいだと思いたかったが、同じものをつーぐーと俺が別の場所、タイミングで見ることもあり、気のせいではすまなくなった。さらに、寝泊まりする場所を変えても行く先々でポルターガイスト的な現象が起きまくり、Qさんは毎晩謎の唸り声を上げて苦しむしで、俺と彼女は恐怖に震えながらドラえもんのように押し入れの中にこもって夜を過ごしていた。

Qさんのためだったはずのうがん所回りが、今や自分ごとになってしまった。ただの付き添いのつもりだったのに、そりゃないよ。

あ、そろそろついてこれなくなってきちゃった？　眉唾だよね、こんな話。俺だって、自分が実際にこんな体験をするなんて思わなかった。

でもまあ、**この体験で俺は世界はまだまだ自分の知らないことであふれているのだと悟った。**

沖縄北部のとある場所にて、「うがん所回り」の旅に出る前の1枚。まさかこの後、信じられないような出来事を経験することになるとも知らず、まだ笑顔（笑）。
提供：OZworld

ラビリンス

そんなある日突然、Qさんが「ていうかおまえ、作品をつくるとか言って、何もつくってねーじゃねーか」とキレ始めた。そして、こう言い放ったのだ。

「1ヶ月以内にどんな形でもいいからCDをつくれ。そして現金50万円をつくれ。この二つができなかったらおまえらの腕を1本ずつ折る」

マジっすか。無理っす。

と、正常な状態の俺とつーぐーなら言うだろうが、この時の俺たちはやるしかないと思い「わかりました」と言って本当に曲をつくり始めた。

ただし、「どんな形でもいい」と言われたので、アルバムではなく、1曲だけのCDをなんとか完成させた。タイトルは「ラビリンス」。キングオブ迷子状態の俺とつーぐーにふさわしいネーミングの、幻のシングルCDの爆誕である。

ちなみにこのCDの生産は500枚限定で、ネットと手売りで売り捌いた。YouTubeにもどこにもアップされていないので、もし持っている人がいたらかなりのお宝アイテムかも（笑）。唖奇さんが出演してくれているMVもつくったんだけど、お蔵入りになった。ついでに言うと、用意しろと言われた50万円は、なし崩しな感じで準備せずにすんだ。

事態は急展開を見せる。

そんなこんなでラビリンスを爆誕させるに至ったこの旅がどうなったのかというと、頭の切れるつーぐーが、ふと、「そういえばこの旅の間のお金って、どうなってるんだろうね？」と言い出したのだ。何か不穏なものを感じていたらしい。

その勘は当たっていて、Qさんが副社長を務める会社の社長から突然、「最近、君たち、お金を使いすぎだよ」と言われたのだ。

そう言われても、俺たちはQさんに付き添っていただけだ。ポカンとする俺たちに社長が告げたのは、この旅に限らず、Qさんと俺たちが行動する時に使ったお金はすべてがキチンとした理由で引き出されたものではなかったという事実だった。

俺たちはフリーズした。なぜって、旅に出る以前、Qさんとしていたのは仕事よりも遊びばかりだったからだ。クラブや、泊まりで、パーティー三昧。うぇーい！うぇーい！って、ただひたすらに遊びほうけていただけで。その財源がなんの関係もない会社のお金だったと知らされ、俺とつーぐーは「なにそれ、全然聞いてないっていうか、ヤバくね？」と、顔を見合わせた。

頼りにしきっていたQさんの裏の顔が見え始め、俺は焦り始めた。おかーの選挙が近づいていたこともあり、再び迷宮に潜ってしまった。もう家族に自分のことで迷惑をかけたくない。とはいえ、豹変しつつあったQさんのことも恐ろしい。

出口のない迷路に迷い込んだ気がしてどうしたもんかと迷っていた時、さらにたたみかけるように大事件は起きた。

幻のシングルCD「ラビリンス」のジャケット。真ん中に座っているのは俺。
周りにいるのはゾンビのお友達です^^
提供：OZworld

鉄パイプかブロックのどちらかお好きなほうをお選びください

旅も1ヶ月半近くになり、それぞれが1回自宅に戻って荷物を入れ替えることになった。Qさんも俺もつーぐーも、それぞれの家に一時帰宅し、持ち帰った荷物を片付け、新たに持って行く荷物を準備している時だった。

突然、つーぐーから電話がかかってきた。

ずいぶん深刻そうな声をしているので何事かと思ったら、Qさんが俺たちが不審がっていることを察知したと言う。するとQさんは、「おまえらごときが俺を謀《たばか》れると思うな」と言って、有無を言わせずつーぐーを旅のメンツから追放したらしい。

「俺をクビにしたのは、クマ（俺のこと）を囲うためだと思う。たぶん、今からすぐQさんから電話がくるはず。俺はこの旅から外されちゃったから近づけないけど、絶対クマを助けるから待ってて」

つーぐーからの電話を切った直後、つーぐーの言った通りQさんから電話がきた。

「おう、つーぐーからなんか電話あったか？」

「え？　なんのことっすか？」

俺はとぼけた。

するとQさんは「つーぐーはクビにした」とこともなげに言う。

人の親友を勝手にチームから追放するなんてありえないことだが、Qさんの話しぶりはいたって軽かった。そして言った。

「おまえ、今、家だろ？　すぐ行くから待っとけなー」

口ぶりとは裏腹に、到着したQさんの顔は怖かった。俺の家族がちょうど不在なことを確認し、Qさんは俺に「庭に行け」と指示した。

庭に出ると「正座しろ」と言われた。その瞬間、俺は悟った。

くるされる。

Qさんは首里のほうの出身だ。そういえば聞いたことあったっけな、首里のほうの「くるし方」は、正座させて鉄パイプかブロックか選ばせるって。

……やべえ、これ、いかれるぞ。

そう思った瞬間、フルスイングの大蹴りを食らっていた。

……選ばせてもらってねえ！！！

ぶっ飛んだ俺をQさんはさらに蹴り上げた。Qさんは「おまえらごときが俺を謀れると思うな」「すべておまえたちのためにやっているのに」「大人のキャッシュフローのことがおまえらにわかるわけないだろう」などとわめきながら、10分くらいかけて俺をボコボコにした。さらに、「おまえのおじーとおばーもぶっ潰すからな」と言われ、そこで俺の頭は真っ白になって、何も考えられなくなった。

「こいつを怒らせてはいけない」

理不尽な目にあっているにもかかわらず、俺はすべての感情を無にしてQさんに従順になることを選んだ。おじーやおばー、おかーに危害が及ぶことを恐れた俺の脳が、本能的にそう判断した。

数日後、俺はQさんの家に身を寄せることになった。先に自宅へ戻ったQさんを追って彼女と車で移動していたら、再びつーぐーから電話がかかってきた。なんと、俺のおかーのところにいるという。

「クマのおかーの家に行って、全部話したから」

俺は「余計なことすんなよ！」とブチ切れた。恐怖に支配され、DV野郎に洗脳された人間の発言である。

しかし、つーぐーはあきらめなかった。Qさんの家に行く前にいったんおかーの家に寄るよう促され、渋々俺はつーぐーとおかーのもとへ行った。

おかーの家に入った瞬間、つーぐーが俺を見るなり「おいクマ、後ろに何を従えてんだよ」と言った。

「生き霊とクルーを組む気か？」

怖い！

俺がもう少し大人だったら

つーぐーから事情を聞いたおかーは大泣きしていて、つーぐーとおかーの説得を受けた俺は正気を取り戻した。ついさっきの話なのに、Qさんの言うことを聞こうと思った自分が不思議になった。洗脳が解けた。

俺はとりあえずQさんから身を隠すことにした。しかし、俺の実家もおかーの家もQさんに知られている。そこで思いついたのが、このあいだ再会したおとーのことだった。おとーの家ならQさんも知らない。俺はすぐにおとーに連絡をとり、そっちに避難することにした。おとー、あのタイミングの連絡、ナイスプレー！

1週間後、Qさんと決着をつけるべく、関係者一同が集まって話し合いをすることになった。Qさんが副社長をしている会社の社長、社員、Qさん、Qさんの母親、俺、つーぐーが集まり、話し合いが行われた。

Qさんは以前の頼もしく覇気のある様子から豹変し、終始ブチ切れていた。しかしそれを周りがなだめ、Qさんの好き放題にはいかなくなった。最終的には俺とQさんは握手をさせられて一件落着となったのだが、握手した瞬間、「ありがとな、頑張れよ」と言われた時のQさんの目は忘れられない。俺のことを悪魔でも見るかのような冷たい目だった。

俺はゾッとしたが、Qさんと離れられてホッとしたのも本音だった。

それからしばらくしてQさんは会社を辞めて、会うことはなくなった。

Qさんが「天才」と呼ばれるだけのカリスマ性あふれる人だったことは間違いない。でも、**あふれる力をコントロールできず、それに飲み込まれてしまったんだと思う。**

もっと俺が大人だったら、Qさんにお金のことをすべて任せきりにすることなく、一緒に考えて、良い未来を共につくっていけたような気もする。

Qさんの器と欲に健全な形で対峙するには、俺はまだ子どもすぎた。対等にビジネスをすることもできず、Qさんはどんどんモンスターになっていった。

とはいえ、Qさんが俺にこの身体にまつわるコンプレックスを乗り越えるための重要すぎる言葉をくれたのは事実だし、Qさんとの旅のおかげでスピリチュアルな感覚にも気づけたし、幻のシングルCDも爆誕したしで、紛れもなくQさんは俺の人生のキーパーソンの一人だ。

誰もが、光と闇の両方を持っている。

おかーの選挙はどうなったかといえば、おかーは見事、初当選を果たした。

蝶々

そうそう、Qさんとうがん所回りをしたことで思い出したことがある。

うがん所回り中に俺の第三の目が開いた場所は沖縄の北部のほうだったんだけど、実は小4の頃にもこの辺りに来たことがあったのだ。その時、俺は謎の腹痛に襲われて、おばーに連れられて救急病院に駆け込んだ。

医者に診てもらっても原因は不明。病室でウンウン唸りながら俺は**「蝶々がいる」**と言ったらしい。

俺の目には、病室をフワフワと飛び交う蝶々が見えていた。

その蝶々が俺以外の人間には見えていないことに「これはおかしい」と気づいたお

ばーは、知り合いのユタに電話をかけた。

すると、**「玲央くんは使命を受けているね」**と言われたらしい。「でも、ちょっと早いから(使命を)いったん外そうね。だけど、20歳になる前に戻ってくるよ」とも言われたという。

そうしてユタの予言通り、20歳を目前にして再び不思議な旅が始まった。しかも、その場所が小4の時と同じだったから、びびった。

その場所は「奥」といった。すでに出てきた俺の「OKU」という曲には、この時の心境や事情が込められている。

うがん所回りの旅をきっかけに、今までは感じなかったことをキャッチするようになった俺だが、今も常にそういうものが見えているわけではない。

ユタをはじめとする霊能者たちはチャンネルを合わせるように「見たい時だけ見る」ことができるそうだが、俺もそれはちょっとわかる。

目覚めたばかりの頃の俺はコントロールできないから、怖いものや見たくないものがたくさん見えてしまったけど、今はそんなことはない。

リリックを書いたり曲をつくったりして、降ってきたインスピレーションをアウトプットしたり、スピリチュアルな世界のことを自分なりに勉強したりすることで、自分の中の不思議な体験と折り合いをつけられるようになったのかなと理解している。

この後の話にも関わってくるから、もうちょっとだけ詳しく書いてみると、俺が大切にしているのは**「三つめの視点（ピーターアイって呼んでる）」**であり**「三つ目の立場」**。

光と闇、科学とスピリチュアル、善と悪……世の中には白黒つけたくなること、つけられがちなことがたくさんあるけど、俺はそれらを二元論的にジャッジして白と黒に分けるんじゃなく、並べて、フラットに観察することを心がけている。第三の視点・第三の立場で**「調和」**を意識するっていうのかな。

作品をつくる時はもちろん、何か困った時もこの視点を持つようにしている。

「Ozworld a.k.a R'kuma」になった日

スピ風に言うと「開眼」してから、目に飛び込んでくる情報や感じることはずいぶん変わった。自分個人のことよりも外の世界のこと、具体的には自然や地球、さらには宇宙のこと、この世界の真理や成り立ちみたいなものに意識と興味が向いていった。

外の世界を探求することが、ひいては自分の内の世界を探求することにもつながることにも気づいた。世界では環境破壊や戦争がずっと続いている。自分の住処である「地球」を壊すようなことをしているのが「ニンゲン」という生き物で、その不自然さや罪深さみたいなものに気づいて憤りを覚える俺も、そんな生き物の一員。

外の世界と内の世界を行き来しながら、人間であることのジレンマに「生きているのがつらい」と感じることもあった。

そんなさなかに生まれたのが、2018年にリリースした曲、「畳」だ。YouTubeでめっちゃカッコいいビートを見つけ、クルーの仲間と共にリリックを付けて生まれた曲だ。

この頃の俺は**「人間は悪魔だ」**と思いながら生きていて、闇ばかりに目がいって光の部分を信じられていなかった。つまり、ひねくれた若者が生み出した曲ってこと。そのわりにはなかなかいい曲ができたと思わない？（笑）

「これはいけるんじゃないか」と直感した俺は、この曲を足がかりにアーティストとしてやっていく方法を考えた。心機一転したいと思い、まずは改名することにした。

それまでの「R'kuma（レオクマ）」という名前には、ラップバトルのイメージがつきすぎていたからだ。

「何にしようかな」と、ベランダに座って畳のほうに脚を投げ出して考え始めた。

すぐに **「OZworld」** という言葉が降ってきた。

降ってきたとしか言いようがない。他にもいくつか案は出てきたが、結局、俺は最初に思いついた「OZworld」でいくことにした。

俺が大好きなウォルト・ディズニーが創り出したミッキーの初期の名前は「オズワルド」だし、児童文学にも『オズの魔法使い』があるし、映画『サマーウォーズ』のなかにも「オズ」の世界があるし、アメリカの元大統領のジョン・F・ケネディを暗殺したのも「オズワルド」という人らしいし（これはとんでもないことだけど）、世界の至るところにオズワルドは時々顔を出す。謎めいていて魅力的な名前だと思った。あと、小学校の時使ってたランドセルも「なかよしオズちゃん」だった！（笑）

それに、プロローグにも書いた通り、後から知り合いが教えてくれた話では、一説によると「OZ」は「神」を、「world」はこの世、その理（ルール）を示す。ルールとは秩序ありきで、秩序は「言葉」があるからこそ生まれるもの。「言霊《ことだま》」という言葉があるように、言の葉はもともと神様が使う神秘のパワーが込められたもので、ただのコミュニケーションツールではない。

……こんなふうに「神」「言葉」の意味合いを重ね持つのが「OZworld」という名前で、俺のアイデンティティややりたいこととリンクするような気がして、3分くらいで決めた。

さらに、これはもうオタク向けの話になるけど、偶然降りてきた名前の紐解きにハマっていた時には、「奥間玲央」という本名と「OZworld」にリンクする部分を見つけてびっくりしたことがある。俺のことを「クマ」というあだ名で呼ぶ人がいる。「熊」は英語で「bear」。この「bear」には「熊」のほかに、「産む、出産する」という動詞の意味もある。こっちの「bear」の過去分詞形は「born（ボーン）」で、「産んだ」の意味だ。で、「OZworld」のほうはというと、「オズ」は、「オズワルド」あるいは「オズボーン」という人名の愛称だったりする。

しかも、「bear」には「産む、出産する」という意味のほかに「運ぶ、運搬する」という意味もある。つまり、「OZworld」の名前には「神（OZ）が運ぶ（bear）」の意味を見出すことができる。本名も、「奥間」、つまり**「奥の間＝神様の控える場」**と読み解けるし、「おくま」の「くま」の英語には「運ぶ」の意味もあることをふまえると、「奥間」の名前には「神様のいる場所から運ぶ」の意味を見出せるわけ。「玲央」は、「玲＝レイ＝0」、すべてが始まる場所。「央」の漢字には「中央」の意味があるから、苗字と下の名前を合わせると、**「神様の言葉を中央に届ける」**。それが俺の名前から導ける、自分の使命だと俺は感じた。

で、思い出してほしいんだけど、知り合いが教えてくれた「OZworld」の名前の意味と本名から読み解ける俺の使命って、リンクしている部分がずいぶんあると思わない？　そう思って生きると楽しい（笑）。

俺は、「OZworld」のアーティスト名には神様が俺に授けてくれた使命が込められていると勝手に信じてる。「こじつけじゃない？」って思った人も、ラッパーはこんなふうに言葉遊びも大好きだし、言葉の音や意味についていつまでも考えていられるんだなって思って読んでおいてくれたら嬉しい。

俺は、名前一つとってもこんな調子で、すべての意味を紐解き確信を持って名乗っている通り、並々ならぬ気持ちで言葉を届けている。

畳の上でRAP

「畳」に話を戻そう。とんでもない名曲を生み出してしまったと喜び勇んだ俺は、改名だけでは足りないと考え、とっておきのMVを撮影することにした。当時、超売れっ子だった監督Spikey Johnに依頼し、当時のジャパニーズヒップホップ界のMVにおいてはある程度良いものがつくれるだけのお金を用意して撮影に臨んだ。

「畳」やこのMVを知らない人のために補足しておくと、ざっくり言うと「畳」というジャパニーズ文化のシンボルを**めちゃくちゃおしゃれかつ神秘的**にした感じの曲だ。MVでは水辺に浮かべた畳の上で俺が歌ったり、畳が燃えたりしているシーンが映っていて、「なんだこれは……!」みたいな感じでHIP

HOPシーンではかなり話題になった。読者のみんなのなかにも、この曲で俺を知ってくれた人はけっこういるんじゃないかな。

俺の手持ちではお金を用意しきれなかったので、足りない分はおじーに借りた。

「おじー、MVを撮影するからお金貸して！　今すぐじゃないとダメなんだよ！」

そんな必死の俺にお金を貸してくれたおじー。「いつかは安定する仕事に就けるようにしないとダメだぞ」とか言いながら、なんだかんだいつも応援してくれる。

おじーのおかげで、無事にMVは完成した。

この本ではこれまで話してこなかったエピソードとか気持ちを全部さらけ出そうと思っていて、だからここまでも暗い話も不思議な話もいろいろ書いてきたわけだけど、この「畳」のMVについて秘話を明かせば、畳を川に浮かべたり火をつけたりしたのは最初から計画していたわけではなく、その場での監督の思いつきと流れだった。

「……畳って浮くのかな？　ちょっと1枚浮かべてみよっか」

「浮いたね。もしかしてこの上に人って乗れるのかな？　玲央、乗ってみてよ」

「乗れたね。大丈夫、大丈夫、流されないように端っこをつかんでおくから」とか言われて川に浮かべた畳に乗ってみたら、つかんでおくと言っていたくせにすぐ放されて流され始め、「ヤバいヤバいちょっとちょっと……」とあわあわしていると、インスピレーションを受けた監督は「それ、いいかも！　撮るから役作りして、役作り！」と指示、あれよあれよという間に撮影されて完成したのがあのMVです。

火をつけたのも、「畳って燃えるのかな」という流れ。普通では怒られてしまうけど、あの時あの曲のMVには燃える畳がすごく重要なモチーフになった。前述の通り俺の中にはまだ闇の部分も健在で、世の中に対して怒りみたいなものとか猜疑心とかがたくさんあった。なんせ「人間は悪魔だ」って思ってたからね。

なお、畳は3枚重ねて乗れば濡れずに大人一人が乗って水に浮かぶことができると判明しました(笑)。今と比べるとかなり幼さを残す面影の俺が一寸法師みたいになっているので、見たことがない読者がいたらぜひYouTubeを検索してくださいな。

畳に乗って水面を漂う。……ヨユーかましてるけど、沈まないか内心ちょっとドキドキしています。
提供：OZworld

俺のためにつくってる

「畳」の評判は良くて、次に俺はアルバムをつくることにした。

そのアルバムをリリースしてくれる事務所を探していたら、唖奇さんがある事務所を紹介してくれた。実は、高校生RAP選手権に出た後、Qさんと出会う前くらいに、メジャーレーベルから声がかかったこともあった。しかし、知り合いに話を聞く限り、俺のやりたいことと方向性が違うような気がして、所属に至ってはいなかった。

唖奇さんが紹介してくれたところは、大きなレーベルではないけれど、俺のことを本当に理解してサポートしてくれる事務所だった。特にマネージャーのGさんとの出会いは大きかった。Gさんはその後、I'M HAPPY号のクルーとなり、今も、悪い人に騙されがちな俺を子を守る獅子のように見守ってくれている。

アルバム制作を始めてからも、俺の心と頭の中は毎日忙しかった。「人間は悪魔だ」と感じる一方で、先人から学ぶべきことはいくらでもあった。地球のこと、宇宙のこと、この世界のことを知りたくて俺はいろいろな本を読んだり人と会ったり調べたりしていたのだが、何か一つを知るとその先にさらにわからないことが100個くらい見つかったりして、「なんだ、この無限の作業は」と絶望しそうにもなった。

しかし、そういうのを「無知の知」というのだと知り、目から鱗が落ちた。自分がものを知らないことを自覚することが大事だとソクラテスは言っているわけ。古代ギリシャの大哲学者がそう言っているのだから、**つまり俺はわからないことだらけのまま生きていくしかないのだ。**

それは別に怖がるようなことじゃないんだよな。

そう思えたら、ポンと1段上のレイヤーに行けたような気がした。自分が得られる限られた知識を使って、自分の目の前にあることに向き合うしかない。できることをやるしかないのだ。じゃあ、俺ができることって何だろう?

その一つが、俺にとっては**「音楽」**であることは間違いなかった。

「ラビリンス」をつくった時の俺は、「世の中に向けて」の意識が強かった。完成した達成感はあったけど、ただそれだけだった。

でも、「畳」くらいから、少し感覚が変わってきた。外の世界に向けてというよりは、自分のためという感覚になってきたのだ。端的にいえば、自分をヒーリングする感覚。自分のためにつくっている感覚。

ただし、それは結果的なものであって、曲をつくるに至るまでの出来事や精神的な変遷は、かなりの苦痛を伴っていることが多い。

たとえるなら、俺は自分の身体の肉を削ぎ取って、ステーキに料理して提供しているような感じ。

俺にとっては痛みやダメージと引き換えにつくったステーキなんだけど、それを美味しそうに食べてくれる人がいるから、「どうぞお楽しみください」っていう感じ。

アートにたとえると、白いキャンバスにその時の俺の感情や感覚に近い色をベタッと塗りつけていく感じ。次はこっちの色。ベチャッ。お次はこれ。ペッ。それを繰り返して完成したもの、それが俺にとっての音楽。今の俺の中にあるものは全部出したぞ、という感覚。曲は、間違いなく俺の一部だ。

同時に、音楽に助けられた感覚はすごく強い。

気づいてしまった俺は、自分の器のサイズ以上のインスピレーションを浴びせられていた状態だった。たとえるなら、滝の水を茶碗で受け止めるようなものだ。今にもバラバラに崩壊してしまいそうだったものを、リリックや曲の形で身体の外に出すことでバランスを保つ術《すべ》を身に付けた。

もし俺に音楽という手段がなかったら、とっくに精神が崩壊していたんじゃないかなと思う。

遊び心が世界を救う

そういうことが最もわかりやすく表現されているのが、ファーストアルバム『OZWORLD』に収録されている「OKU」と「Peter Son」の2曲。

「OKU」についてはすでに触れたけど、あの一件だけでなく、正直に言うと**「もう死のう」**と思って北部の奥という地域に行った時に浮かんできたリリックをもとにつくった曲だ。

そして、同じタイミングで同じようにリリックが浮かんできたのが「Peter Son」。死のうと思って北部に行ったのに、リリックが浮かんできて、**「やべえ、今すぐレコーディングしたい」**となり、急いで帰って収録を始めたのだった。つまり、この2曲に俺は命を救われた。

この2曲はかなり特殊なつくり方をしている。なんと、同時に2曲を交互に収録したのだ。「OKU」をつくっていて行き詰まったら「Peter Son」のほうを作業する。こっちが行き詰まってきたらまた「OKU」に戻る。それを何度も繰り返した。

特殊な流れで完成したこの2曲は、リリックも曲の感じもかなり雰囲気が異なっている。「OKU」のほうが病み(闇)気味で、「Peter Son」のほうは無邪気でいいかげんなノリの雰囲気。けど、この2曲は深いところでつながっている。

というのも、俺が地球や宇宙、この世界の成り立ちのことに意識が向き、「人間は悪魔だ」とか「生きているのがつらい」とか感じるようになっていたことはすでに話した通りで、今思えばだけど、この時の俺はかなり極端で、偏っていた。

「地球を守りたい」「誰も苦しまないようにしたい」という気持ちが行きすぎて、それを阻んでいる(ように見える)何かや誰かを敵視したり、「悪だ」と思ったりする心理に飲み込まれていた。

つまりは「正義」に浸っちゃってたってこと。

しかし、「正義」を振りかざせば何をしてもいいってわけじゃないと、ふと気づいた。映画の世界では正義の味方が何かを守るためにいつも何かを破壊している。街とか道とか。でも、そのヒーローたちが倒す「悪」の立場は、誰が顧みてあげるんだろう？　その「悪」たちにとっては、正義の味方こそが「悪」なのでは？

俺は気づいた。正義を理由に怒りを抱いている自分って、なんかキモいぞ。窮屈だし、笑顔がない。怒っているのだから笑顔になれるわけがないんだ。全然楽しくない。一方で、悪役はいつも笑っている。不敵な笑みを浮かべている。……え、なんかそっちのほうが楽しそうじゃない？

そもそも、**「正義」も「悪」も、裏表。**

こっちから見ればそっちが悪、そっちから見ればこっちが悪。いや、そもそも、本当に「悪」なんて存在しているのか？

俺は、楽しいほうを選びたい。笑っていられる道を選びたい。俺にとって「正義」の道は、楽しい笑顔の道じゃなかった。だからと言って「悪いことしまくってグへへしてやるぜ」というわけではないけど、これまで書いてきた通り、俺の来た道は清廉潔白でもないし、自慢できないことなんていくらでもあった。

俺は自分の行きたいほうへ行く。あくまで、楽しく。あくまで、笑顔で。

俺にとって大事なのは、「遊び心」。俺は、俺の好きな人たちと一緒にやりたいことをやる。そこに「正義」も「悪」もいらないんだとわかった。


正義に飲み込まれていた時期の俺は、なんかカッコつけてた。

最近気づいたんだけど、**「カッコつける」＝「カッコをつける」。つまり（　）がついているわけ。カッコって、制限だよね。**カッコつけてたら、制限のなかでしか自分を表現できないんだよ。それってすごい窮屈。だから俺はカッコつけるのはもうやめた。


そういえば、例のバリの兄貴にも「遊び心」の大事さを教わった。「子どもの心をつかむには遊びが必要なんだよ」と言われて、俺は「Peter Son」をつくった経験もあり、その言葉の意味が深く腹落ちした。

「ＯＫＵ」と「Peter Son」の2曲が深いところでつながっているのは、正義感にがんじがらめになっている俺（「OKU」）と、遊び心いっぱいのテキトーな俺（「Peter Son」）という、対極の部分がそれぞれの曲に表現されているから。どっちの俺も俺で、この対極的な自分（曲）を行き来しながら、俺はこの2曲を生み出したのだ。

たまに、俺の歌声を聞いて「まるで天使の歌声だね」って言ってくれる人がいる。そんな時、俺はにっこりして「天使じゃないよ、悪魔だよ」と返事をする。相手は煙に巻かれたような顔をする。名前も悪魔（奥間）だし！

歌詞を見て「レオ君は対立より平和を願う珍しいラッパー」だと言う人もいる。たしかにディスり合いは好きじゃないけど、「正義を振りかざすから悪役も生まれるんでしょ？」とも思ってる（共感した人はYouTubeで「NINOKUNI」を検索！）。

世界を変えるのは、救うのは、正義感じゃない。遊び心だ。

「正義」と「悪」の線引きをしてピリピリするより、線引きをやめて楽しむほうがいいと俺は思ってる。

音楽のジャンル間の線引きを超えて、首里クェーナ琉球古謡のKUNIKOさんとMuKuRoさんと楽しんでつくった曲「Tinsagu Nu Hana」MV撮影時の写真。撮影地は先祖たちの地、那覇の「福州園」。
提供：OZworld　credit：Ega Film

KUNIKO…OZイチオシ：Shonganee／**MuKuRo**…OZイチオシ：Tinsagu Nu Hana

もっかい生まれ直した20歳

2018年の1月1日は、Awichと一緒にライブをして迎え、最高に楽しくて最高に幸せな元日のはずだった。

ライブ後、絶好調に幸せな気分でべろべろに酔ってホテルの部屋に戻った俺。視界はグレーがかったフィルターに覆われてるみたいだった。そういう時の俺は精神状態が不安定になっていると知っていたのに、つい俺はなんとなく鏡に目をやってしまった。**案の定、鏡から目が離せなくなった。**

延々と自分の顔を見つめ続けているうちにゲシュタルト崩壊が起こり、俺の意識はバラバラになった。

気づくと、今すぐホテルの窓から外に飛んで行きたくて仕方なくなっていた。冷静に考えればわかるけど、ホテルの窓から外に飛び出すことは肉体の死を意味する。しかし俺の意識は身体を置いて、外に飛び出したがっていた。

今にも行動を起こしてしまいそうな精神状態のなかで、本気でヤバいと思った俺は正気を取り戻すため、朝6時の早朝にもかかわらず、おばーに電話して助けを求めた。

「おばー、ヤバい、ちょっと助けて」

おばーに訴えているうちに、頭のなかに、なじみのカミンチュの人の名前が浮かんできた。「あの人ならわかる」と思い、おばーに頼んでその人に電話をつないでもらった(朝っぱらからホントにすんませんでした)。

「え？　玲央くん？　今からうがん所回りするんだけど、どうしたの？」と言われ、俺は窮状を訴えたが、いまいち理解してもらっている手応えがない。

今にも窓から飛び降りてしまいそうになっている俺は余裕をなくして「あんた、何もわかってないでしょ！」とブチ切れてしまった。すると、急にその人の声のトーンが低く変わった。俺の異常な周波数にアンテナを合わせてくれたのだ。

「ああ、玲央くん、ごめんね。あんた、今日、死んだね。自分でもわかってるでしょ？　生まれ変わったね。いくつになった？」

「20歳」と答えた俺に対し、その人は続けた。

「ああそう、やっぱりね。あんた、使命を受けてるの、知ってるね？」

また小４の時にユタに言われたことが頭に浮かんだ。俺は飛ぶのをやめた。

本当に生まれ変わったのかどうかはよくわからないけど、かつて言われたとおりに、一度外してもらった使命は、俺がちょうど20歳を迎えた後に戻ってきた。電話で言われたことは、すんなり俺の中に入ってきた。この正月の、生と死の間をぐらぐら揺れ動いて踏みとどまったこの一件が、俺にとって意味ある出来事になったのは間違いない。

何度も繰り返し投げかけられる「使命」という言葉を、俺は重みを持って受け止め始めていた。

自分が世の中に対してできること、しなくてはいけないこと。音楽というベースを通じて俺がすべきこと。

それらを、俺はなんとなく理解し始めていた。

Wake up & Freedom

それが何なのかをあえて言葉で説明するなら、「自由」の概念を伝えることじゃないかと思う。「正義」と「悪」の一対一の視点ではなく、そこにもう一つの視点を加えて俯瞰する。「正義」がある限り、「悪」が生まれる。「敵」をつくる限り、「平和」は生まれないのだ。本当に平和を実現したいのなら、そういったことに俺たち一人ひとりが気づいて、ギアを1段上げて行動しなければならない。

音楽を通じてそれを伝えるのが、俺の役目なんじゃないか。

自由であること。
オープンマインドであること。
最南端から最先端。

最強より無敵。ナンバーワンよりオンリーワン。ME（俺）よりもWE（俺たち）。カッコをなくして制限を取り払うこと。

これが俺のモットー。いつの間にかがんじがらめになっている世の中の制約や制限から抜け出して、もっとフリーになれたら、世界に対して自分ができることや貢献できることがあると気づけるはずだ。

本当は、みんな、すでに自由で、思いっきりフリーなのだ。本当に簡単なことだ。気づくだけでいい。気づくだけで俺たちは自由になれる。だから俺は、音楽を通じてそれを気づかせていく。みんなを目覚めさせていく。「正しさ」から抜け出せば、俺たちは自由になれる。

20歳の正月早々に得たカミンチュからのお告げ。怒涛の日々を過ごした数年間だったが、俺はようやく、自分の使命を明確に自覚し始めていた。

Adventure 4

SHRINKING AND EXPANDING

どんな時でも楽しんだもん勝ち

100％ハマるコトバ

「どうやって曲をつくっているの？」と聞かれることも多いので、せっかくだから少し書いておこうかな。「OKU」と「Peter Son」の2曲を除いて、基本的には1曲ずつつくっている。「さて、曲をつくろう」というよりは「あ、曲、つくりたい」ってなってつくり始めることがほとんど。

最初の頃はリリックありきでつくり始めていたけど、**今はメロディのほうが先。**まず、クルーの仲間やプロデューサーと一緒にビートを見つけるところから始まる。

プロデューサーが音を一つずつ、「これは？」「どう？」っていろいろ出していく。それを俺は携帯とかいじりながら、インスピレーションを探しながら聞くんだけど、そのうち、「あ、それ、いい！」とか「それ、使いたいです！」ってピンとくるものが見つかる。そしたら「じゃあ、これ使うか」と、どんどんレイヤーしていってメロディができていく。

選択基準は、俺のその瞬間の気分と精神状態。その時の気分が「ドゥーン」って落ちてる感じだったら「ドゥーン」って感じのビートを選んじゃうので、「ああ、今はこういう気分なんだな」っていうのが自分でもわかる。

ビートとメロディがある程度決まったら、「この感じだったらこういう曲だな」とか「こういうテーマの曲だろうな」みたいなものも、なんとなくわかってくる。

次に、選んだメロディや音に合わせてリリックを付けていく。ビートを選ぶ時と一緒で、そのメロディに完璧にハマる「言葉（リリック）」を見つけていく。だけどそのリリックがすぐに思いつくとは限らず、最初の1フレーズがなかなか降ってこなくて困ることもある。そういう時は何時間でも待つ。その時間を「**降り待ち**」と俺は呼んでいる。一緒に音楽をつくっているクルーの奴らは慣れてる。

そのメロディやフロウにハマる、今の俺に100%ハマるワードが見つかったら、連想ゲームみたいな感じで浮かんでくるものをどんどん付け足して、つなげて、つくっていく。最初はハミングみたいな感じで、意味を持たない言葉（宇宙語って呼んでる）で適当に歌ってる。パズルのピースを探すように、曲全体につながるぴったりのリリックを考え見つける。ジャックポットをずっと回しているみたいだなって思う。

リリックを書き溜めたりメモしたりみたいなことは、最近はほとんどない。ラップを始めた頃は憧れもあって、コンポジションブックっていうアメリカのベーシックな大学ノートにリリックを書き付けたりもしていたが、もうしていない。

本を読んで印象に残った部分とか、いろいろな場で見聞きした大事な言葉とかは、以前は「謎解きノート」と称したノートにメモしていた。絵や図も描いていた。

今使っているのはiPadと、iPhoneの「リマインダー」アプリ。リマインダーはその場でさっとメモがとれて便利。その内容をそのままリリックに使うわけではないんだけど、「俺って普段どういうことを考えていたっけ？」となった時にリマインダーの内容を見ると、「そうそう、こういうことを考えているし、言いたいんだよね」と思い出せる。自分の中からリリックを導き出しやすくなる。

2022年11月、制作合宿inタイ。環境を変えるとインスピレーションも湧いて俄然はかどるし、制作の合間のリラックスタイムの楽しいこと。
提供：OZworld

ヘッドホンとマイクをつけて、リアルタイムで編集された自分の声を聞きながらリリックを考えると、自分のキャパがすごく広がる感じがしてやりやすい。あと、ブースにこもるより、外の景色を見られたり空気を感じられたりする環境のほうがイメージが広がりやすいし、リリックが引っ張り出されやすいような気がする。

そんなこんなで完成した曲は、自分の中から出てきたもののはずなのに、内容をすっかり忘れちゃうこともある。

「玲央って自分で歌ってるくせに、それと全然違う行動とってる時あるよね」ってクルーのみんなに言われたり。それで「はい、あの曲もっかい聞いといて」と指示されたりする。

人は変われるって堂々と言ったけど、そりゃ一発で100%変われる時ばかりじゃなく、昔に戻っちゃう瞬間もあればつい忘れちゃうこともあるよね（笑）。大丈夫、その度に思い出せばＯＫ！

いつも同じことばっか歌ってる

自分では、自分のことを毎曲毎曲、「言いたいことはずっと同じ人」だと思っている。曲を聞いてくれている人はどう感じてるんだろう？　俺としては、基本的に、歌いたいことの根本は決まってるんだよね。

それは「**みんなをどうやってウェイクアップさせてフリーダムにしようか**」ってこと。

第3章の最後に話したこと。目覚めさせて自由にする。その、言いたいことの根本は一緒だけど、手段をいろいろ変えたいなとは思っている。アプローチを変えたり、たとえを変えたり。この種明かしを聞いて俺の曲を聞いたら「なんだ、ほんとだ！

全部、同じこと歌ってるじゃん！」って気づくはず。

「すべての武器を楽器に」という言葉を聞いたことのある人、いる？

沖縄に喜納《きな》昌吉という音楽家・平和活動家・政治家がいて、その人の言葉なんだけど、俺、この言葉の精神にすごく共感する。ボブ・マーリー（レゲエの先駆者の一人、ジャマイカのミュージシャン）も、彼に絶大な影響を受けたと言われている。それくらいパワーのある言葉だし、人々を真理に導く言葉だと俺は思う。

沖縄に根付く「戦争よりも宴を」の精神も、「すべての武器を楽器に」と通じるものがある。沖縄はたくさんの人間たちの血を吸って成立している島だと第1章で話した。沖縄の人たちは歌と踊りと酒で痛みを乗り越えて命をつないできた。血で血を洗うんじゃなくて、血を酒で洗って流して歌って踊ってやってきた民族。それが沖縄人。

「戦争」をするのには膨大な負のエネルギーが必要になる。ある意味、負のエネルギーのパーティーが戦争なわけ。だけどさ、同じパーティーならさ、プラスのほうがよくない？　マイナスでなくプラスのパーティーをすれば、それは「宴」だよね。

どうせ膨大なエネルギーを使うなら、戦争より宴をしたい。

武器は楽器に持ち替えて、歌って踊って酒を飲んだら絶対に楽しい。そうやってみんなで楽しもうよ――。

俺はいつもそう思いながら曲をつくっているし、そう思いながらライブをしている。ライブMCでもそうしたメッセージを口にすることがあるから、気づいてくれている人もいるかもしれないね。音楽にはたくさんの人を一つにする力があると思うし、俺のライブでそれを体感してくれたら嬉しい。

喜納昌吉…OZイチオシ：ハイサイおじさん

とある笑い島にて

2019年6月に念願のファーストアルバム『OZWORLD』をリリースしたら、それまでの過去のいろいろなことを手放せた気がした。すっきりとした気持ちで次のフェーズに移ったのだけど、その頃の俺の**ターニングポイント**になった出来事がある。とある笑い島で経験した、とある儀式だ。

「そんな儀式があるのか」くらいに思って聞いてほしいんだけど(合わない体質の人もいるのでおすすめはしません)、笑い島のシャーマンの儀式で「アヤワスカ」と呼ばれるものがある。アヤワスカとは現地の薬用植物で、それを煮出したお茶には強い幻覚作用があり、さまざまな身体症状や精神症状に効果があると言われている。見える幻覚や体験できる感覚は人によって違うらしいが、抱えているトラウマを解消できたり、生まれ変わったような感覚になったり、前世が見えたりする人もいるらしい。

その年末にその儀式を受ける機会があり、俺は笑い島に渡った。

儀式のサポートをしてくれるシャーマンと共に参加者が一箇所に集まり、一人に一つずつ桶が用意される。嘔吐した時のためだ。お猪口のようなカップに入ったアヤワスカのお茶を渡され、俺も飲んだ。全部で3ショット飲むのだが、俺は2ショットを飲んだ時点ですでに十分な幻覚作用を感じた。

感覚としては、意識のある状態で夢を見ているような感じ。寝ている時の夢って、その瞬間はたしかに「真実」と感じるじゃん？ 目の前で起きていることをリアルに感じられるじゃん？ その状態を、起きて、意識がある状態で体験する感じだった。

ここから先の話は信じるも信じないも自由だけど、あくまで俺の個人的な体験談として話しておく。

幻覚を見ている間、俺の中ですべては明るかった。すべてが光だった。みんなが光なのだ、と気づいた。

その時期の俺は、日本で、ある人との間にトラブルを抱えていた。その相手が、アヤワスカの儀式を行っている最中に目の前に見えたのだ。揉めている相手なのに超笑顔で、その笑顔には裏がなくて、安心感があって、俺は「あ、大丈夫だ、直接会って話せばたぶん大丈夫だ」と直感した。

3ショット目を飲む前に、「これを飲む前に俺はやらないといけないことがある」と感じた。それで、シャーマンと、付き添ってくれていた「ガーディアン」といわれる役割の人に、「3ショット目を飲んでゴールを見る前に、俺にはケジメをつけないといけないことがある」と伝えた。

シャーマンたちは3ショット目を飲むことを勧めてきたが、「俺のビジョンがそう伝えてきているので、思うようにやらせて」と言ったら、受け入れてくれた。

2ショットを飲んだ段階で俺は切り上げ、帰宅して、年内のうちにその相手と会った。拗《こじ》れていた関係だったのにスムーズに話ができて、お互いの誤解も解け、とんとん拍子に問題は解決した。

音霊

その後、俺はアヤワスカの儀式を完結させるため、再び笑い島を訪れた。

2度目のアヤワスカ体験はつーぐーも一緒だった。つーぐーは嘔吐するのが大嫌いな人なんだけど、かわいそうなことに盛大にオエーーーってなってた（笑）。だけど、嘔吐は解毒でありデトックスだから、この儀式においてネガティブなものではない。人生の禊《みそぎ》のようなものらしい。

この時、俺は2度目の体験だったので、少し余裕を持って儀式と向き合えた。印象的だったのはシャーマンが奏でる音楽。アヤワスカを飲んだ後、シャーマンが歌を歌ったり太鼓を叩いたりして儀式の効果を高めてくれる。この音楽はただの癒しではなく、音楽自体に精神治療的な効果があると俺は察した。

シャーマンの奏でる音楽のなかにはいろいろな周波数の音があり、やたらと気持ち悪くなって嘔吐してしまう音もあれば、そうでない音もある。これは、その人が抱えているトラウマなり心の問題なり身体の問題なりに合致した音に対し、無意識に反応しているのだと俺は理解した。

儀式中にシャーマンが奏でる音はただの雰囲気づくりや癒しではない。音による治療なのだ。

「言霊」と同じように、音にも「音霊」と呼ぶべきパワーがあるのだと、俺はこの時に気づいたのだった。

そういうことに気づく余裕がある2度目の俺だったので、ゲーゲー吐いているかわいそうなつーぐーや、死にそうな顔で最初から最後までうずくまっている参加者たちの側にいながらも、終始姿勢を正して座禅し続けていた。

2ショット目を飲み終わり、前回飲まなかった3ショット目をついに飲もうとした時、シャーマンが「玲央、何か歌うか？」と聞いてきた。

俺は、自分の曲ではなく、自分の人生を救ってくれたアーティストであるRickie-G

の「Life is wonderful」を歌うことにした。

3ショット目を飲むと、歩けないくらいフラフラになった。だけど不思議な安心感があったので、目をつぶったまま真っ暗な中をシャーマンのもとに近寄って行った。座ると、ちゃんと目の前にマイクがあった。俺は「Life is wonderful」を歌い始めた。

苦しそうなつーぐーが楽しそうな表情になったのが嬉しかった。

幻覚を見ている体感時間は人によって異なるらしかった。俺の場合は約6時間のセッションだったのに体感はそれどころじゃなくて、「精神と時の部屋」(『ドラゴンボール』に出てくる修行部屋。この部屋で過ごす1日は下界の1年に相当)みたいだなと思った。アヤワスカを飲んで得られる幻覚体験は「あなたのカルマ(業)を解消するのに必要な時間が与えられます」ということらしい。

……ま、単に俺が夢を見ただけかもしんないけどね。

今いる場所と宇宙を行き来する

ずっと森の中に住んでいる原住民の人たちって、スマホを見たことも触ったこともないわけだよね。でも、誰かがそこに行って「スマホっていうものがあってね、こういうことができてね……」って説明すれば、「そんなものがあるのか」と信じることはできるよね。

俺にとってのスピリチュアルな次元の概念は、原住民たちにとってのスマホに近いと思っている。「そういうものがある」ことはたしかに知っている、みたいな。

別の表現もしてみる。「スピリチュアル」を「宇宙に存在するそれぞれの立場や価値観や存在そのもの」「自分自身が体感できるもの」、愛のように「(たとえ曖昧にでも)感じられるもの」だとすると、「科学」は1+1=2みたいな「数値化できること」「真偽の世界」だと思っている。

アヤワスカの儀式を経験してから、俺は現実世界の「『目に見える物質的な次元』とは別の次元」を「知っているし、知っていた」と感じるようになった。

みんなが光であるという、崇高な感じの次元があることを、そういえば俺は知っていたし、ていうか本当はみんな知っているし、でも物質的な次元に人間として降りてきている間は意識の外に置いちゃっているんだよね、と思ってる。

光の世界はすべてがパーフェクトで、絶対的な安心感がある。だけどそこにずっといるのは退屈でもある。だからいろいろな問題のある次元に、

人間としてわざわざ降りてきているんじゃないだろうか。俺はそう考えるようになった。

俺が「俺たちは地球にいるエイリアン」みたいなリリックを歌っているのも、ここから来た発想だ。自分たちは本当は「みんなが光、全部が光」の世界を知っている。もともとはその世界の住人だから。でも、今この瞬間は別の次元（地球）に遊びに来ている。それで、いろんな問題と向き合ったり時に傷ついたりしている。

そんな風に考えてみると、いろんなことがちょっと違って見えてこない？

肉体がある限り、怪我をすれば痛いし熱いものに触れれば火傷する。だけど「意識」はもっと奥の奥の超安全なところにいて、肉体が感じる痛みを「幻」と紙一重の感覚で体験しているんじゃないだろうか。

こういう話って、実は「引き寄せの法則」でいうところの「信じる」ことにも大いに関連している。信じる力が強ければそれだけで最高の人生が送れるし、問題を問題とも思わない人生を送れるだろう。だけど俺は笑い島のアヤワスカの儀式によって、

「意識」だけじゃなく「肉体」の感覚も「見ろ！　表現しろ！」と言われたような気がした。きっとそれがアーティストの役割なんだろうな。

なんの話をしているのかさっぱりな読者もいるよね。うん、やっぱり俺は笑い島で夢を見たのかもしれない（笑）。だけど、この体験を通じて、「肉体」と「意識」を切り離してイメージする力はすごく強化された気がしていて、それはいわゆる「瞑想」と通ずるものがあるとも思っている。

ライブ前に俺はいつも瞑想をしている（おかげで緊張しなくなった）。

どうやるかというと、まずは「瞑想をしている自分」を外側から見ている感覚にまで、意識の座標を上げる。

そこからさらに「そんな俺がいる建物」を外から見ているイメージまで引き上げる。続けてさらに「その建物がある○○市」「○○県」「○○国」など、どんどん引きの視点でイメージしていく。

最終的には「地球を見ている自分」くらいまで意

識を上に持っていくのだ。

人って、たとえばトイレの中にいてトイレの中のことしか意識していなければ意識範囲は「トイレの中」に収まってしまう。しかしその範囲を少しずつ広げることで、いろいろなことに気づいたり、感じられたりするようになる。テレビや映画や漫画など、実際に目で見たものは頭に思い浮かべやすいので、引きの視点をイメージする時はそういうビジョンを頭に浮かべて、少しずつ自分を俯瞰するように視点を引いていくとやりやすい。

俺も最初は「まずはこの視点」「次はもうちょっと引いてこの視点」と、ちょっとずつ視点を引いていっていたけど、今は一気に地球を眺めるところまでヒューンとイメージできるようになった。

その宇宙空間でしばらくフワフワして、適当なところでまたヒューンって下に戻ってくるような感覚。

これがライブ前のお決まりの儀式。

「今日のライブでなんの話をしようかな」と机の前でトーク内容を考えるより、瞑想するほうが俺には効果がある。いつもほとんど何も考えずに瞑想だけしてライブに臨むけど、トーク中はなんとなく今の自分にちょうどいい言葉が勝手に出てくる。

人前で何か発表したり喋ったりしなきゃいけない時に緊張しちゃう人は、瞑想、やってみたらいいかも。

I'M HAPPY号、出航

笑い島で不思議な儀式を体験した年末を越して迎えた2020年。この年は、コロナが猛威をふるい始めたタイミング。コロナ禍でライブは軒並み中止になり、俺は引きこもり生活を余儀なくされた。この脚なので、ただでさえ普段からそんなにたくさんは動かないのに、イベントもライブもまったくなくなってしまって、俺は動かない・歩かない日々を送るようになった。

そういう生活を送ると身体がなまって脚も動かしづらくなり、よからぬ想像もはかどってしまう。俺の病気では「あるある」なんだけど、**車椅子生活になる未来**が脳裏をよぎったりもした。今はかろうじて歩けているけど、もうじき車椅子生活をしなきゃいけなくなっちゃうのかな、なんて。

そんなタイミングで、スティーブン・スピルバーグ監督の映画『レディ・プレイヤー1』を観る機会があった。VRの世界を舞台にしたお話で、俺的には「ですよね、やっぱこの世界、きますよね」と、俄然、テンションが上がる内容だった。

メタバースの世界で学校に通い、働き、恋をする。そんな世界が当たり前になる未来を予感させる映画に俺は深く共感したし、現実化を確信した。

マイクロチップや電脳化、バーチャルリアリティ。そういった言葉がどんどん身近になってきている実感もあった。Qさんにも言われたことだけど、この世界がデジタル化していくことは俺にとっては非常に都合がいい。「トランスヒューマニズム」がどんどん現実的になっていくからだ。

身体は現実世界に置いて、意識だけをバーチャルな世界で遊ばせる。

それが現実になれば、肉体のハンディキャップはまったく意味を持たなくなる。俺にとってこんなに都合のいい世界はない。

うん、もう、肉体はいっそ捨てちゃおう。

俺的には意識だけあれば大丈夫だし。バーチャルの中でライブすればいいし!

メタバース、仮想現実、VR、NFT……。俺はテクノロジーやデジタルの世界にどんどん傾倒していった。

そういう精神状況でつくったのがセカンドアルバム『OZKNEEZ FXXKED UP』だ。リリースは2020年の11月。デジタルやフューチャー、量子力学とかテクノロジーなどへの興味が最高潮で、それが表れた感じのアルバムが完成した。

タイトルはトリプルミーニングになっていて、まず「FXXKED UP」は「混乱している」とか「めちゃくちゃだ」みたいな意味。で、「OZ needs（OZが必要としている）」、「OZKNEEZ（俺のファンの人たちの愛称）」、「OZ's nees（OZの膝）」の三つの意味をとれるわけ。ジャケットは俺の装具の形を取ってデザインしているあたり、皮肉も込めてあるんだけど、みんな気づいてくれてるかな？

このアルバムはセカンドアルバムでありつつ、俺的な位置付けとしては「ゼロ・アルバム」の扱いになっている。

コロナ禍でこれまでの当たり前が当たり前でなくなり、削ぎ落とされ、見直しを経て、マインド

がリセットされて「ゼロ」になった。そういう意味が込められている。あと、ファーストアルバムの時よりもっと前の感覚を歌っている部分もあるので、ファーストより前、となると「ゼロ」かなって。

ちなみに、このアルバムは自主レーベル「I'M HAPPY Inc.」からリリースしたもので、このレーベルを法人として立ち上げたのも同じくらいの時期。もちろん相棒はつーぐー。そして今ではGさん、Lenさん、高良、しょーたくん、他にもサポートしてくれているメンバーで構成されたハッピーチーム。HIPHOPをやっているクルーたちの集まりをきちんと法人化するってとこが当時は新しくもあった。この会社を立ち上げたことで（ほとんどつーぐーがやってくれたけど）、自分たちの船で大航海に乗り出したような気分になった。

コロナ禍のさなかに始まった航海がどんな旅になるのか。何が起きるかわかんないけど、俺はワクワクしていた。

装具仙人

「身体、バイバーイ！」くらいの勢いで俺がデジタルの世界に夢中になっていたところ、俺の引き寄せパワーが無意識に発動した。人生を変えるアイテムが俺の前に現れることになり、超驚いた。

それまで俺が装着していた脚の装具は、正直、見た目重視で実用性に乏しかった。要は、超歩きづらい。もちろんちゃんと脚に合わせてつくってもらっているんだけど、その細さが長ズボンの上からシルエットでわかってしまうのが俺はすごく嫌だった。だから、カスタムといえば聞こえはいいけど、勝手に削ったり包帯を巻いたりして、少しでも細い脚がわからないよう、装具にいろいろと手を加えていた。病院へ行くと「それ、どうなってんの？」とよく聞かれた。

でも、超歩きづらいし、目立たないようにしているとはいえ脚を人に見られるのが嫌なのは変わらないしで、幼少期からの俺のコンプレックスは、20代半ばに近づいても絶賛・現在進行形だった。

ところが、ついに出合ってしまったのだ、俺の運命を変える装具と。

始まりは、コロナ禍の直前に訪れたオランダで、リハビリ専門のドクターと出会ったことだった。熊本の病院で働くこのドクター、しんくんはＨＩＰＨＯＰが好きで、知り合いに紹介されて出会った。

俺の脚の様子に気づき、声をかけてくれたのがしんくんだった。すっかり親しくなり、翌週に福岡、翌々週に熊本で行われた俺のライブにも遊びに来てくれて、仲が深まった。今ではI'M HAPPY海賊団Over Zenith号のチョッパーだ。しんくんによると、名古屋に「装具仙人」と呼ばれる装具職人がいるらしい。俺はしんくんと共にすぐに名古屋へ向かった。

そして、その仙人が見つけてくれた装具が俺の人生を変えてくれた。サンプルを装着した瞬間、あまりの歩きやすさに仰天した。これは人生が変わってしまうぞ、と。

しかも、すごいのは、その歩きやすさと見た目のかっこよさが共存していることだった。なにこれ、めっちゃいいやん。つけてるのが全然嫌じゃないやん。

コンプレックスの概念が震え始めた。

俺のコンプレックスの象徴だった装具が、かっこよさ、歩きやすさ、心地よさをもたらす存在になりうるとは。

俺は驚嘆した。初めて自分の肉体に対して希望を持てた瞬間だった。

もはや身体は捨てるつもりで、マインドだけはフューチャーとデジタルを思いっきりつかみにいっていたけど、トランスヒューマニズムがこういう形で実現するとは。

ヤバい、俺、コンプレックスをフレックス（折り合う）できちゃうかもしんない。

内側革命

昔から服とかファッションが好きで、人からも「おしゃれだね」って言ってもらう話はすでにした。たしかにファッションは昔から好きだ。それは本当。でも、ファッションには俺にとって別の意味もあった。

俺の脚を誰にも見てほしくなかった。俺が脚を引きずって歩く姿を、人に見てほしくなかった。鼻ピアス、カラーコンタクト、個性的な髪形、首にまでがっつり入ったタトゥー（龍は俺のパートナー）、変わった服装。

それらはすべて、自分の上半身に人の視線を集めるためのものでもあった。

俺の脚を見てくれるな。

大好きなファッションがコンプレックスごと俺を覆い尽くし、人の視線を脚から逸らしてくれる。派手な格好、変わった格好は、俺の鎧《よろい》。

だけど、外側から付け足す服や髪形やタトゥーが、どうしても勝てないものがある。

内面からの輝き、内側から来る自信だ。いくら外側からオンしまくっても、内面の強い人間には勝てない。よくよく考えてみると、内面の一番外側が外見なのだ。内面の積み重ねが外側になるのだ。

だったら、結局一番重要なのは「思考」なんじゃないのか。

俺のこの生まれつきのコンプレックスも、「思考」で乗り越えられるものなんじゃないのか？　……やり方はわからないけど。長いことそんな感覚はあった。

今、まばらにあるこの「点」も、後からつながって線になることは、俺は感覚として知っている。それだけは俺を裏切らない。だったら、希望を持つしかない。いつも俺は「後から意味がわかる、後から意味がわかる」と自分に言い聞かせてきた。

そして、仙人のつくってくれた完璧な装具と出合ったことで、俺はやっとたしかな線を描けたと感じた。俺は装具をつけた脚をさらしてステージに立つようになった。

過去にコンプレックスだったものが、今や俺にとって最大の武器。「人と違う」ことを極めてしまえば、俺は完全にオリジナルだ。完成してしまうんだ。

今一番気に入っている言葉は「完璧な己になる」。

完璧な人間になる必要なんてないし、そんなものは存在しない。そうじゃなくて、完璧な己、「自分」になる。

100%の自分。100%のレオクマ。

完璧に自分になりきれたら、たぶんそれが最高で無敵。

今、俺は心から素直にこう思っている。

五体満足じゃなくてよかった。五体満足に生まれなくてよかった。

完璧じゃなくてよかった。

みんな、人と違うし、「みんな人と違う」ことにおいてはみんな一緒。誰もが特別で、だからこそ誰も特別じゃない。

俺たちはロンリーじゃなくて、「ロンリーズ」。

これは俺の首の龍を彫ってくれた友達がくれた言葉。人と違うことを嘆いたり、人と同じであることにがっかりしたりする必要なんか全然なくて、みんなが100%の自分になればいいだけ。

それが無敵で最高で、みんな違って、みんな一緒。

あー、こんなに楽なことだったんだな。

隠したいものがない状態って、こんなに楽ちんだったんだな。

北部冒険中。ちなみに杖は普段用とかオシャレなのとか合わせて5、6本持ってる。一番よく使っているお気に入りは、持ち手が龍のもの。
提供：OZworld

0の世界

ライブ活動はほぼなかったし移動こそ少なかったけれど、こんな感じで内面が激しく変化、進化していたのがコロナ禍の日々だった。自主レーベルを立ち上げたり、セカンドアルバムをリリースしたり、最高の装具と出合ったりする以外にも、実は仲間たちと共にいろいろな種まきをしていた。

まず一つは、**NiLLAND**（ニルランド）。**仮想現実のプロジェクト**の名前で、一時期、俺があまりにNiLLANDのことばっかりをSNSで発信するもんだから、「音楽もやらないでNiLLANDばっかりで大丈夫?」みたいに言われることも多かった。

NiLLANDはリアルとデジタルがリンクする仮想世界で、アーティストとファンのこれまでにない新しい交流のあり方を模索するのが目的。ま、平たく言えば、一緒に遊ぼうよってこと！

そもそもNiLLANDをやり始めたのは俺に似せたキャラクター「オズニル」のフィギュアをつくろうと思ったからだった。しかしリアルのフィギュアをつくるのにはすごくお金がかかることがわかった。「じゃあデジタルでつくるか」ということで、ファーストアルバムからの相方、グラフィティアーティストの久島さんとつくったのが、バーチャルフィギュアのオズニル君だった。

それから少しして、「NFT（Non-Fungible Token＝非代替性トークン）」が流行り始めた。NFTとは、ブロックチェーンの技術がもとになっている、代替不可能なデジタルデータのことで、仮想通貨みたいに売買ができる。つまり、世界に一つのデジタル資産をつくれる。

NFTとアートは相性がいい。ブロックチェーンの技術により、そのアートの制作者や購入者、所有者、取引データなどは明確になり、その記録は改ざんできない。ピカソの絵が本物かどうかを見極めるのは大変でも、NFTではそんなことは起こり得ないのだ。

で、NFTが流行り始めた時、俺たちはオズニル君のバーチャルフィギュアをNFT化した。「NFT？　アート？　あ、ちょうどいいやつ、あるやん！」と。

そこから広がっていったのがNiLLANDだ。2020年の12月にはInstagramでNiLLANDのアカウントを開設した。音楽アーティストでこのような取り組みを始めたのは、俺たちが一番早かったと思う。

NiLLANDは弱者も強者も存在しない、すべてが対等な「0の世界」。

ここでできることはたくさんある。ライブの入場チケットをNFTで販売したり、NFT保有者のみが参加できるリアルあるいはバーチャルイベントを開催したり、メタバース上でライブしたり……。まだまだ新しい概念なので今思いついていないことも今後どんどん実現していくはずで、楽しみが止まらん。

かっこいいでしょ？　久島さんがデザインしてくれた、コンプレックスだった脚を唯一無二の個性であり強みとした俺と、左側に顔を出しているのがオズニル君。脚が松ぼっくりになっているのは、松ぼっくりが脳にある松果体の象徴だから。手には松ぼっくりのタトゥーも入れてます。
提供：OZworld　credit：Hiroki Hisajima

石の世界

2023年にローンチしたジュエリーブランドのVOiCE（ヴォイス）も、この頃に動き始めたプロジェクトだった。

知り合いに紹介されたファッションテック（「ファッション」と「テクノロジー」を掛け合わせた造語。ファッション×IT技術を利用したあらゆるサービスのこと）の会社の社長から、「一緒に何かプロダクトをつくろうよ」と言われたのだ。

やりたいことの一つが叶えられるし、ファッションも大好きだから、すぐに話に乗った。何をつくろうかと考えて、HIPHOPの文脈からジュエリーを思いついたのだった。

HIPHOPが好きな人は知っているかもしれないけど、ラッパーは派手なアクセサリーや装飾品を好む人が多い。HIPHOPが貧しい立場にいた人たちから生まれた話はしたよね。そういう人たちにとってジュエリーや宝石といったものは富の象徴であり、成功者の象徴でもある。

そんなわけで俺はジュエリーブランドを立ち上げることにした。ブランドネーム「VOiCE（ヴォイス）」は、音としての意味は俺の武器である**「声」**。

そして、「VOiCE」という綴りのなかにある「iCE」は、HIPHOP用語でいうところの**「宝石」**の意味があり、宝石といえば**「石」**。声には**「意志」**があり、意志は石に宿る。多様な価値観と声を巻き込んで、大きな意志（石）のうねりとなっていく。

そうしたミーニングを込めたのが、このブランドネームである。

「VOiCE」の「i」を小文字にしたのは、小文字のほうが人の形に似ているし、中心にある何より大事な「i＝愛」を強調したかったからだ。

「VOiCE」は単なるジュエリーブランドではなく、〝フィジタル〟ジュエリーブランドである。「フィジタル」とは「フィジカル」と「デジタル」を掛け合わせた造語で、物理的なリアル世界とデジタル世界とを融合させた世界観を意味している。

倫理観と遊び心、あるいは男と女、あるいは陰陽、あるいは火と水のように、リアルとデジタルも表裏一体のものだ。相反するとはいえ、一方がなければもう一方も存在しえない。

そういう、OZworld特有の世界観をファッションで表現したのが「VOiCE」のブランドであり、プロダクトなのだ。

俺としては、ジュエリーそのものというより、「概念」や「意味」を提供しているつもりでいる。ジュエリーで装飾しているあなた自身がジュエリー。

俺の生み出すジュエリーを身に着けてくれる一人ひとりがジュエリーそのものになることを応援するブランド。VOiCEのジュエリーを身に着けることで、VOiCEの「意味」を身にまとうことができる。

VOiCEで固めた俺です。VOiCEではジュエリーだけでなくアパレルも出している。ジュエリーもアパレルも、全部ユニセックスデザイン。
提供：OZworld　credit：土河しば

ブランドをローンチしたタイミングでは、仲良しのJP THE WAVYと「VOiCE」をオフィシャルソングとしてデジタルリリースした。この曲は、去年リリースしたサードアルバム『SUN NO KUNI（サンノクニ）』にも収録されている。

JP THE WAVY…ONイチオシ：畳―Tatami-REMIX

遊戯の世界

第1章でしこたま話したけど、俺はゲームが大好きだ。コロナ禍でライブがないから引きこもっていたと言ったが、これ幸いとばかりにゲームばかりしていたことは否めない。**1日12時間くらいは余裕でゲームしていたかな。**もはやゲームの世界で生きている感覚。その頃にゲームの世界で知り合った人とは今も仲良くしている。

高校を卒業したくらいの頃にも、高校生RAP選手権に出場したメンバーたちと一緒にゲーム配信をしていたことがあった。今回のコロナ禍で久しぶりに配信もやってみたら、いやあ、楽しかったなあ。やっぱ俺、ゲーム大好きだわ。

これくらいの熱量で好きなものがあると、やっ

ぱり引き寄せパワーが発動しちゃうんだろうね、面白い話が転がり込んできた。

俺の曲でおそらく一番メジャーな「NINOKUNI feat. 唾奇」は、唾奇さんがゲーム「二ノ国」にハマっていたことから生まれた曲なんだけど、その曲をテーマに3Dアートをつくってくれたファンの子がいた。

それがきっかけでその子と一緒にゲームをするようになった。なんでも、プロeスポーツチーム「FENNEL（フェンネル）」と一緒に仕事をしているという。そのつながりでFENNELを紹介してもらうことになった。

その頃の俺はゲームにハマりにハマっていたため、ゲーム市場で何かできることがないかと目論んでいるところだった。自分のeスポーツチーム的なギルドをつくれたら楽しいかもしれない……といったことを考えており、FENNELの人たちとつながれるのは渡りに船の話だった。

何かコラボができないかというところからスタートしたのだが、ある時、FENN

ELのほうから「チームに加入してほしい」と言われた。FENNELのような野心的でイノベーティブなチームに参加できるのは俺にとっては願ってもない話だったから、即OKした。これが、俺がFENNELと手を組んだ経緯。

FENNELは自社アパレルブランドをはじめとして、eスポーツにとどまらない独創的なクリエイティブを探求してきた会社でもある。さらに幅広く活動していくために、HIPHOPとの融合を狙って俺を仲間に引き入れたそうだ。

俺の加入を発表したのは2022年の9月だった。この年の11月には、eスポーツ×HIPHOP第1弾として開催した「Over Zenith CUP」の大会公式テーマソングとして、俺の新曲「Compflex」のMVを公開した。

「Compflex」は「complex」と「flex」を掛け合わせた言葉。

「コンプフレックス」と読む、俺の造語だ。勘のいい読者は気づいたかもしれない。しんくんとの出会いをきっかけに装具仙人と知り合って最高な装具を手に入れたおかげで、俺のコンプレックスは見事にフレックスできた話をしたが、その世界観を表現した曲だ。

曲自体はＦＥＮＮＥＬに加入する前にできていたので、俺とＦＥＮＮＥＬの共同でＭＶを制作することになった。コンプレックスと折り合えた俺の内面が表現された歌詞と、ゲームの世界観が掛け合わされたＭＶ。OZworldの新しいステージを予感させるものに仕上がったと思う。

青空ミーティング

コロナ禍は悲惨なイメージと共に記憶されることも多いけど（俺ももう脚がダメになるかもと思って脱身体戦略考えてたしね）、俺にとっては結果的に、今につながっている種まきの期間だった。それをこんなふうに文章にまとめると、なんかすごくすべてが計算通りの順風満帆みたいだよね。

でも、どう結実するかを意識してやっていたわけでは全然なくて。好きなこと、面白そうなことに貪欲に、気軽に食いついていったら、いつの間にか今につながっていたのが実際のところで。

これも、自分の「意識」の持つパワーに気づいて、常に「意識」して生きていたからだと言える。自分の意識に耳を澄ませるようになってからは、世の中の有り様とか大きな流れみたいなものと自分自身を常に照らし合わせている。

で、そこがマッチしていると、意識したものはすべて引き寄せられる。たまに来る困難とかも、引き寄せたいものを引き寄せるための訓練だと捉えられるようになって、以来、俺は**「絶望」というものをしなくなった。**

とはいえ、特にコロナ禍の初期は、脚の調子もふるわなかったこともあり、けっこうバッド入っちゃうことも少なくなかった。そんな引きこもりの俺を身も心も外へ外へと連れ出してくれたのが相棒のつーぐーだった。

つーぐーとのミーティングはいつも楽しくて、海に行って泳いだり、絵を描いたりもした。**「クマ、水着持って出かけるよ」**とつーぐーに連れ出された先には食べ物や絵の具、画用紙が用意されていて、俺たちは青空の下で水遊びをし、ご飯を食べ、絵を描いた。

つーぐーに言わせると、「経営者はアートの感覚を養うのも大事」だそうで。そうやってみんなの遊び心を解放した後は、「で、このタスクはこうこうで……」と、会社の事業についての打ち合わせももちろん行う（青空の下で）。

つーぐーのこういう粋なはからいが、放っておくと心身両面で内にこもりがちな俺を前向きに保ってくれていた。

友達、仲間はマジで大事。

俺の場合、人生は一人では乗り越えられないことだらけだった。

一人だったら死んでたかもしれないし、一人だったらやりたいこと全部思いっきりやることすらできてなかった。

俺も仲間も時には失敗もするけど、でもこいつらと一緒だから絶対乗り越えられるって信じられる。

もう一つの家族

俺には血のつながった家族の他にも、いくつかの家族がある。なかでも昔から一緒に遊んで、遊んでいるうちにそれが仕事になって、そうするうちにメンバーが増えていった大家族を、ここで紹介させてほしい。

ステージでマイクを持つ時、俺は一人で立ってるように見えるかもしれないけど、実際には俺一人でステージに上がってるわけじゃない。

ここで紹介するクルー**Mr.Freedom**の原型は、俺を合わせて3人で組んでいたクルー「まがりかどスクワッド」と、ありとあらゆる個性をもった仲間との出会いから生まれたファミリーだ。「所属」みたいな正式な概念はそこにはなくて、血のつながっていない家族そのもの。

Len Kinjoは、人生初のタトゥーのくだりで触れた「B-$OON」の頃から唯一残っている、**すべてを共にしてきた古い友人**だ。今はジュエリーブランド「VOiCE」と「朝方のミートパスタ道」のスタッフをしている。

Wil Make-itは、米軍のマリーン（海兵隊）として沖縄に来た。7年間、海兵隊にいたが怪我で除隊。退役後、ラップをしてた時に出会い、仲間に加わった。**家族の最年長で頼れる男**、軍隊式忠誠心を持つかっこいい男だ。俺を含むこの3人で組んでたのが「まがりかどスクワッド」。

次に出会ったのはBear Motes。高校の頃、学校を早退してはずっと遊んでもらっていた兄貴みたいな存在の彼は、白人ハーフで背が高く、クセ強ぞろいのMr. Freedomの中でも**ダントツでクセが強い**。古代文字から現代文字まで、世界中のあらゆる文字を描いてNFT化したりもしちゃう鬼才のアーティストタイプだ。このベアーを通してまた多くの仲間が増えていく。

Mr. Freedom内で最高身長のLazyWiiは黒人とのハーフで、今では**3人の子どものパパ**。子どもの数もメンバートップだ。現在は沖縄でKOJOEさんが立ち上げたJ.Studio 098（Kojoe, MuKuRo, DJ POM, DJ NAPPY BWOY）のメンバーでもある。

Naisaもラッパー。ハンバーガーを作らせたら彼の右に出るものはいない（俺達の中で）。ラップセンスも独特のリリックとフロウで聴くものを挟み込む**ハンバーガー・パイレーツ**だ。

Ganafiiは、沖縄の老舗バーバーショップ「FRANK'S CHOP SHOP」（理容室）の一員として髪を切りながら、**重低音の効いたラップ**で聴くものの耳を震わせる。

そして、俺と共に数々のステージに立ってパフォーマンスを重ねて来た、**相方**のDJ Kfive。

――以上がMr.Freedomの音楽クルー。他にもGrace AimiやBaron等、多彩なメンバーで構成された大家族だ。

Len Kinjo as Lotus…ONイチオシ：Pandra's Box／**Wil Make-it**…ONイチオシ：Forgive&Forget(F&F)／**Bear Motes**…ONイチオシ：¥-TKT／**LazyWii**…ONイチオシ：Dream／**Kojoe**…ONイチオシ：24／**Naisa**…ONイチオシ：Get it／**Ganafii**…ONイチオシ：On ma way／**Grace Aimi**…ONイチオシ：Eternal sunshine

Adventure 5

LIFE GOES ON

冒険は続く

SUN NO KUNI

コロナ禍にまいた種が芽を出した結果、最近の俺は、「何をやっているのかわからない人」と言われることも増えてきた。いろいろなことに手を伸ばしている状況に混乱してしまうリスナーも多いみたいなので、俺が今やっていることと、最終的にやりたいことについて、ここでちょっと整理しておくね。

俺が最終的に何をしたいのかについては、サードアルバム『SUN NO KUNI（サンノクニ）』に大きなヒントがある。

まず、「NINOKUNI（feat. 唾奇）」の続きとしての曲「MIKOTO ～SUN NO KUNI～（feat. 唾奇 & Awich）」が象徴的なところではある。

「3」は俺にとって大きな意味がある数字だ。 「正義」

と「悪」の一対一の視点ではなく、そこにもう一つの視点を加えて俯瞰する話を第3章の「Wake up & Freedom」でもしたけど、その「三つ目の視点」がすごく大事だと俺は思っているわけ。3という数字には、俺が目指す概念が詰まっている。

このアルバムのテーマは「陰陽統合」。

1曲目から最後の13曲目「MIKOTO ～SUN NO KUNI～ (feat. 唾奇 & Awich)」のすべてに意味があって、全体の流れにも意味がある。

まだ聞いたことがない人もいるだろうからあんまりネタバレするのもなんだけど、簡単にいうと、**古代の神の言葉**をテーマにした1曲目「Hey Siri, ヒフミヨイ (feat. KUJA & Grace Aimi)」から始まって、**宇宙が創造され、地球が誕生する**「PANGEA (feat. DALU & Celeina Ann)」。

魂はアバターを選ぶように肉体を選んで**この地球の世に生まれ落ち、肉体があるからこそその苦しみや喜びと向き合う**のが3曲目の「Compflex」。

宇宙では星たちが何度も滅びて新たに生まれを繰り返し、**どこかの星か**

らはUFOも飛ばされるのが「META EDEN（feat. ピーナッツくん & PIEC3 POPPO）」。違う星や世界のことを知って**フラットで無重力な世界と陰陽を理解**していくのが「BALANCE」。

「GOD BLESS MAGIC」では時には**違う国や星に入植**し、戦ったり滅びたりすることもあるけれど、その不自然さに気づいた人から**龍に乗って次のステージに上がっていく**のを表したのが「Dragon Rider」。だけど「VOiCE（feat. JP THE WAVY）」で語るように次のステージでも**新たな課題**はあり、悩んだり苦しんだりする。

「Atreides」では一人の人間（1）と一人の人間（1）が恋をして2人になり、子どもが生まれ、**3人になる**ことが示唆されている。**そろそろ繰り返しはやめて**地球に落ち着こうかというのが「地球FINAL」。そしていろいろ頑張った**魂たちが地球に帰り、そして俺は沖縄に帰る**のが「龍 ~ RAW ~」。

次の「Gear 5（feat. ACE COOL & Ralph）」ではすっかり**覚醒**して。最後、二次元で曖昧な関係値だった「2」が**「3」という崇高な数字**へと変化

サードアルバム『SUN NO KUNI』。今の自分に見えている世界観をあまねく詰め込んだアルバムの前に唾奇さんと「NINOKUNI」をつくっていたこの流れは奇跡なんじゃないかと思う。あ、歌詞カードには落書きもたくさんあるよ♪
提供：OZworld　credit：MS Record, Inc.

を遂げるのが、ラストの13曲目「MIKOTO ~ SUN NO KUNI ~ (feat. 唾奇 & Awich)」。**「3の国」**であり、**「SUN（太陽）の国」**。陽出づる国——つまり、**日本**はその始まりを起こす国だと思ってる。なんとなく。

うん、全然簡単に言えなかった、ごめん。

でも、なんとなく今の俺が感じていることが伝わっていたら嬉しい。とはいえ、あくまでサードアルバムは世界観を見せる役割。現実世界での具体的な取り組みは、もちろん別にある。

KUJA…OZイチオシ：鳥（2024年3月リリース予定）／**DALU**…OZイチオシ：NOV.17／**Celeina Ann**…OZイチオシ：Young Love feat. Young Dalu／**ピーナッツくん**…OZイチオシ：刀ピークリスマスのテーマソング2022／**PIEC3 POPPO**…OZイチオシ：WATASHI／**ACE COOL**…OZイチオシ：MAUE／**ralph**…OZイチオシ：Get Back

SUN NO KUNIリリースツアー、各県・ファイナルに来てくれたすべての人にありがとう！
今後さらに予想不可能な体験をしてもらうことを約束します！
提供：OZworld　credit：Uran Sakaguchi

バラついていた使命の行き先

実は、2023年の9月、自主レーベル「I'M HAPPY Inc.」とは別に、たこ焼きみたいな可愛い後輩のPと、互いの夢について意気投合したZ君、そして様々な個性を持ったメンバーと**「UTAGE3.0」**という会社を立ち上げた。UTAGE3.0は、デジタルやWeb3.0の技術を駆使して、ファンのみんなと一緒に新時代のライブ体験を創るためのプラットフォームを提供する会社だ。

……といっても、よくわかんないよね。

たとえば、ライブに参加してくれた証明を、イケてるNFTとしてブロックチェーンに記録することで、ファンのみんなそれぞれに最適なユーティリティを提供できるようになる。OZworldのライブに3回来てくれた人にはオズニル君の限定アバターをプレゼントしたり、5回来てくれた人を限定ライブに招待したり(このあたりは、第4章でも少し話したね)。

他には、ファンのみんながライブで歌ってほしい曲をリクエストできるようにしたり、ライブに家族や友達を招待できるようにしたり。ファンのみんなと一緒にライブを盛り上げられるような仕組みも作りたい。「すべての武器を楽器に」「戦争よりも祭りを」。既に紹介した喜納昌吉が言ったように、**俺は、音楽、そして、宴が人を幸せにすると思っている。**UTAGE3.0を通じて、みんなと一緒に最高の宴を創っていきたいし、その仕組みを**他のアーティストにも**提供していきたい。

UTAGE3.0が軌道に乗ったら、次にやりたいのが、OZworld独自のトークンを発行し、そのトークンを基にした自律分散型コミュニティを創ること。トークンの名前は「OZ(オズ)コイン」にするつもり。

「OZ」は、2022年にリリースした俺の曲『Over Zenith -Zero-』にもある「Over Zenith（天頂を越える）」の略でもあり、言わずもがな「OZworld」の「OZ」でもある。

このでっかい計画を、俺たちは**「Over Zenithプロジェクト」**と呼んでいる。

「どういうこと？」って感じだよね。実現してきたら考えるより感じてみよってことでぜひ体験してみてほしいけど、要するに**「OZworldは、OZコインを通貨とする、リアルとバーチャルが融合した一つのコミュニティ（world）をつくりたいらしい」**と理解してもらえばOK。

そのコミュニティでは、みんながそれぞれ好きな貢献の仕方でOZコインを稼ぎ、いろいろな場面でOZコインを使うことができる。「Over Zenith Music」「Over Zenith Games」、なんでもいいんだけど、Pontaポイントのように、いろいろな場面で使えるようにしていきたい。

国籍や人種に関係なく、誰でも参加できる、自由な世界。弱者も強者も存在せず、適切に評価される、平等な世界。あらゆる人の可能性を解放する。0の世界であり、3の国。

そんなコミュニティを作りたい。

「Zenith」の意味は「天頂」。Over Zenithプロジェクトは、限界突破のプロジェクトであり、俺にとってはコンプレックスをフレックスした最高形の象徴なのである。

あ、そろそろついてこられなくなった人、いるよね(笑)? ごめんごめん。

突き詰めていえば、地球上の望む人誰もが自由に参加できて楽しく遊びながら暮らせるような、リアルとバーチャルが融合した世界をつくりたいわけ。

そんで、そこが完成したタイミングで、「はい、OZworld、これで終わり!」っていうのを俺は自分の人生のゴールとして目指している。

まあでも、俺にとってはこういう壮大なプロジェクトも遊びの一環。音楽もジュエリーもゲームもNFTも絵を描くことも、全部楽しくて全部大事。

俺の中にはやりたいこと、やるべきことがたくさんあって、そういうバラついていた使命の行き先がOver Zenithプロジェクトだと思っている。漫画『ONE PIECE』(尾田栄一郎/集英社)の主人公のルフィでいうところの「夢の果て」が、俺にとってはOver Zenithプロジェクトなわけです。

俺のワンピース愛はオズニーズはみんな知ってるところだけど、この本読んでて「あれ、もしかして……」って思った人もいるかもしれないね！　**そう、俺の座右の漫画は『ONE PIECE』です。**

「HIPHOP流行るところに混沌あり」

こういう俺の壮大なプロジェクトや目標を聞いても、「何言ってんの?」と言う人は、意外なことに俺の周りにはいない。HIPHOP界隈の人も、引いたり馬鹿にしたりするどころか受け入れてくれる。

「みんなで3の国、新しい世界をつくろうぜー、うぇーい!」と言っても、誰も馬鹿にしない。語弊があるかもしれないが、ある意味、仲間になるとめっちゃ強いのが、HIPHOPをやっている奴ら。**なぜなら、そもそもが、世間とお上に中指を立てている人たちだからだ。**

トランプゲームの「大富豪」でも、革命を起こすのは弱い数字だよね。世界のゲームチェンジャーになれるのは、不満を溜め込んだ貧しい奴ら。現代ではＨＩＰＨＯＰをやっている人たちが一概に貧しいとは限らないけど、彼らのメンタリティは革命者のそれである。

そういう意味で、俺はＨＩＰＨＯＰをやっている人やＨＩＰＨＯＰを愛している人、愛好している人たちに希望を持っているし、信じているし、期待している。

ＨＩＰＨＯＰはあくまでリアルを追求する世界。曲で歌っていることと本人の言動がかけ離れているなんてありえないから、フェイクを発信したりもしない。

そういう、ある意味で制約のある音楽なのに、リリックはどこまでも自由でいられるのがＨＩＰＨＯＰの魅力でもある。

綺麗ごとを言わなくていいし、オブラートに包まなくていいし、思ったことをそのまま表現することができる。それが心からの思いである限り、誰も責めたり咎めたりしないのだ（眉をひそめられることはあるけどね）。

そんなＨＩＰＨＯＰが、最近、日本ですごく流行っている。みんなも、昔に比べてＨＩＰＨＯＰを耳にすることが増えたんじゃないかな。

どこかで見かけたんだけど、「ＨＩＰＨＯＰ流行るところに混沌あり」、俺はこの言葉にすごく共感している。

みんなも感じることがあるだろうけど、社会の格差がどんどん開いているじゃん？　超お金持ちと、その他。持てる者と、持たざる者。どうにも埋めようがない距離までその差が開いて、そのうち日本はパッカーンと綺麗に二分されちゃうんじゃないかと思うことがある。

世の中に言いたいことはいろいろある。

社会の流れに疑問を持たずになんとなく巻き込まれて生きてきて、「なんか思っていたのと違うぞ⁉　え⁉　俺たちのこと、何も考えてくれてないやん⁉」って気づいた時には手遅れだと思うし。**時すでにお寿司**（誤字じゃないよ！）。

でも、文句言っていてもお上は助けてくれないんじゃないかな。嫌なことに巻き込まれたり、俺の周りの人たちが巻き込まれたりするのも嫌だから、俺はどうにか楽しく安全に生きていける術を自分で考えたい。

その一つが例のOver Zenithプロジェクトでもある。独自の経済圏をみんなが持って、つながり合えば、円やドルがどうにかなっても生きていける。NEO縄文時代じゃないけど、「縁」でつながった人たちと「円」とはまた別の、+αの価値観の経済圏をつくりたい。資本主義を潰せーとかそういう話じゃなくて、今ある仕組みに「+α」して、人が豊かに生きられる選択肢を増やしたい。

さあみんな、俺と一緒に遊ぼうぜ。って、なんかアヤシイ勧誘みたいだからもうやめとこか（笑）。

明るい道と暗い道があったら迷わず暗いほうを行く

なんか、いっぱいしゃべったなぁ。おしゃべり大好きなんだよね。

この本を、俺の人生を、この冒険を一言でまとめると、コンプレックスを溜めに溜め込んで生きてきた人間が18歳くらいで爆発、崩壊の危機に陥って、20歳前後でそれまで曖昧に集め続けてきたいろいろなものを自分のなかで再構築して、統合して、自分を確立して、次のフェーズに入ったのが今の俺って感じだね。

4行にまとめられる話をするのに、本1冊分も使っちゃったよ（笑）！

これからも絶対にいろいろなことが起きるだろう。『ONE PIECE』のルフィと同じで、俺は航海に出てしまったから、何か一つ問題が解決してステージが1段上がっても、そのステージなりの出来事が絶対に起こる。そういうもんだよね。

分かれ道が目の前にあって、片方に暗い道、もう片方に明るい道があったら、俺は絶対に暗い道のほうを選んでしまう。わざわざトラブルのある道を無意識のうちに選んでいるのかもしれない。安定しているほうが不安なタイプ。

極めつきに、俺は人を見る目があんまりない。「今度の相手は大丈夫だろう」といつも思っているけど、実際は前回を上回るヤバい奴(いろいろな意味で)だったりする。それがデフォルト。

でも俺、冒険家だから仕方ない。小さい頃にチャリンコに乗って一人で隣町まで冒険に繰り出していた続きを今もやっているのだ。エロアニメを見るためにローマ字入力をマスターしたみたいに、面白い体験をするためにはそれなりの山を乗り越える必要がある。**まだまだ冒険は続く。**

今の俺に至るまでのあれこれをこの本で知ってくれたみんなが、最終的に俺の音楽に回帰してくれたらすごく嬉しい。形と表現を変えて俺の思いや世界観を発信してはいるけれど、エッセンスが一番凝縮されているのは、やっぱり俺の「音楽」だと思うから。

俺たちはみんな「ただの村人A」じゃなくて、一人ひとりの人生における「勇者」。平和は己で築く（気づく）もの。何を見るか。何を信じるか。すべては自分の意識次第。俺の音楽を聞いて、そう感じてくれたら最高に嬉しい。

Epilogue&Thanks

Love You All/ Love Yourself Always

愛を想う時に俺が感じるのは「ぬくもり」だ。

ずっと「個」で生きている感覚があった。人といるのは大好きだけど結局は「ロンリー」じゃん、と思っていた。でも、すべてが光であると気づいた時に、同時に「ロンリーズ」なのだと知った。単数系じゃなく複数形なのだ。

「愛」に気づくまでは一人ひとりがこの世界に放り投げられた状態で、それは寒いし冷たい。だけど、誰かに会えば、触れれば、そこにはぬくもりがある。

それって「愛」だよね。大地があって、空気があって、自分がいて、自分以外の誰かがいて。それって「愛」だよ。

「後からわかる」とリリックにも書いている通り、人生に起こることのすべてに無駄はない、と俺は確信している。

沖縄に生まれてよかった。おじーとおばーの孫でよかった。おかーとおとーの子でよかった。五体満足じゃなくてよかった。俺が俺でよかった。いいことも悪いこともどっちもあってよかった。


今までの人生で大好きな人、ずっと付き合いの続いている人もそうでない人も、迷惑をかけた人もかけられた人も、みんなに出会えてよかった。

マネージャーのGさん、事務所の人たち、俺の生涯の相棒であるつーぐー、俺と一緒に遊んでくれるクルーのみんな、俺のそばで明るく照らしてくれるたくさんの仲間たち、友達、そして俺の大好きな家族、この本の関係者、読んでくれるみんな、音楽を聞いてくれるみんなに、ビッグ・ビッグ・ビッグ・テリマカ！


今読んでくれた物語は一つの旅の締めくくりであり、新たな章の幕開けでもある。

ここからの冒険はきっと、今までの冒険を超えるものになる。本に書いてきたとおり、

「生まれ変わる」カードを選び、高波にぶつかってはリボーンしてパワーアップしてきた俺はこれから、今まで支えてくれた人たちとこれから出会う人たち、もっともっとたくさんの仲間と冒険の続きに出たいと思っている。みんなで新しい世界、見に行こう！　一緒に地球謳歌しよう。見たことない景色、想像の上を行くような体験、終わらない宴。パスポートフリーのOZworldに遊びに来てくれる人と、最高の冒険を。

この本のタイトルは「Live Your Adventure」、己の冒険を生きろという意味だけど、このタイトルの頭文字「LYA」に込めた他の意味を記して本書を締めたい。

まずは「Love You All」。
今、孤独を感じている人も、クソピンチの最中にある人も、俺たちはロンリーズ。一人に見えて一人じゃない。俺は冒険の途中で障害にぶち当たってる人を応援する。そんなあなたが聞いてプラスになるような曲をこれからもつくりたいと思う。愛を込めて。

次に「Love Yourself Always」。

自分のこと愛していこう。俺もこれにはめっちゃ時間かかった。でも内側革命を起こして、今ではかつて最大のコンプレックスだった自分の身体も愛せている。人を愛したり、人に愛されたりするのも大事だけど、まずは自分のこと愛してあげて。自分の心の声に耳を傾けて、心を自由にしてあげて。

冒険の途中でそれぞれの道が交わって、この本を読んでくれた冒険者と語り合えるのを楽しみに！

最後まで読んでくれてありがとう。

OZworld（オズワールド）
1997年11月17日、沖縄県嘉手納町生まれ。HIPHOPアーティスト、ラッパー。第9回・第10回高校生ラップ選手権出場。TV番組「フリースタイルダンジョン」や数々のイベントに出演。独得のニュアンスで繰り出すフロウやスキルフルなラップで世界中にファンを持つ。2018年、「R'kuma (レオクマ)」から「OZworld」に改名。音楽活動のみならず、ジュエリーブランドや仮想現実プロジェクト、eスポーツなど、幅広いジャンルで活動する。

Live Your Adventure.《リブ・ユア・アドベンチャー》　冒険《ぼうけん》を生《い》きろ

2024年 3月19日　初版発行

著／OZworld《オズワールド》

発行者／山下　直久

発行／株式会社KADOKAWA
〒102-8177　東京都千代田区富士見2-13-3
電話　0570-002-301（ナビダイヤル）

印刷所／大日本印刷株式会社
製本所／大日本印刷株式会社

ISBN 978-4-04-606605-3　C0095